リベラル国家と宗教

Secular Translations
Nation-State
Modern Self
and Calculative Reason

タラル・アサド 著
Talal Asad

苅田真司 訳
Shinji Karita

世俗主義と翻訳について

人文書院

目次

リベラル国家と宗教——世俗主義と翻訳について

謝辞

二〇一七年四月の第一回ルース・ベネディクト講義に招聘していただいたことについて、コロンビア大学人類学部に感謝申し上げる。草稿の一部あるいは全体を読んでコメントをしてくださった下記の友人たちに特段の感謝を捧げたい。フセイン・アグラマ、ギル・アニジャール、パルタ・チャタジー、アボウ・ファーマン、チャールズ・ハーシュキント、マームード・マムダーニ、デヴィッド・スコット、ジョン・ワラック。

序論

本書は、二〇一七年四月にコロンビア大学で行ったルース・ベネディクト講義に若干の加筆をしたものである。相互に関連した三つの文章が収録されているが、そこで探求されているのは、私が長年にわたって考えてきた主題である、世俗的なものという観念である。

私にとって、（主体が言語によってなすことではなく）言語が主体によってなすことの探求、すなわち、感情や概念、態度が、どのようにして現代の生における「世俗的なもの」や「宗教的なもの」の内部の言説や、それらに関連する言説に結びつけられているかを理解する際のもっとも有効な方法は、書くこと、すなわち、書き記すべき言葉に立ち向かい、それに耳を傾け、困惑であれ喜びであれ、ともかくそれに驚くことであった。まったく異なる生活形式に直面する人類学者にとって、不可解な経験とよく知っている経験の寄せ集めに取り組み、それを繋ぎ合わせようとする困難はありふれたものである。日常生活と同様、探求は、部分的には集合的な試みであり、その成果は、その試みに従事する人々の間の相互作用だけでなく、それ以外の人々の持つ知識や、そうした人々との協力関係によって決まっている。観念や議論のパターンが形をとる（あるいは形を変える）につれて、それまで手の届かなかったものに手が届くようになる。他の探求と同様、書くことを通して考えることは、その先に何があるか知らないことを意味している。思考は、作り出されるのではなく、発見されるのである。「自由に」考えることなどできない。一人の人類学者として、自分が理解しようとしている生活様式から自分自身を完全に切り離すことなど不可能である。愛着が単なる一時的なものであると装ったり、客観的研究者のように、ある領域内の経験に接近した後で、その領域の外の視点へと帰還することができる（あるいはすべきである）と装ったとしてもそうなのであり、帰還した後で、しばしばその時や場を想起し、生の別の様式の可能性やそれを記述する必要性に思いをいたすことになる。

ルードヴィヒ・ヴィトゲンシュタインによれば、言語を使用することは、ゲームをするようなものであり、計算を行うことではない。ある言語ゲームを理解することは、生活形式を理解することである。ルールを誤って解釈し適用する可能性があるということだけを考えてみても、ルールへの訴えは、その言明が正しく発話されていることを保障するものではないことがわかる。生活形式を理解することは、その言語が諸実践の中にどのように埋め込まれ、繋ぎ合わされているかが理解でき、特定の文脈における正しい言明を認識でき、ある状況においては明らかに思える言明に異なる解釈があり得ると理解できることを前提している。ヴィトゲンシュタインは、次のように書いている。「言語ゲームは、いわば予見不可能なものであるということを、あなたは心に留めておかねばならない。私のいわんとしていることはこうである。それには根拠がない。それは理性的ではない（また非理性的でもない）。それは、そこにある——われわれの生活と同様に。[1]」

世俗主義を理解するには、近代のあらゆる支配的な概念を理解する場合と同様、間接的に接近するのが最善であると私は考えている。ものごとを探求する場合には、直線的な接近法が常に最善というわけではない。そうした接近法は、終点がわかっていることを前提しているだけでなく、始点から最短経路をたどることが、最善であることも前提としているからである。それゆえ、本書という公開の思索によって私が前進させようとしているのは、世俗主義は、リベラルな民主主義国家が支持しているとされる平等と自由に関する抽象的な原理であるだけではなく、類似性や重複のない完全なる対立物を構築する——感じ方、考え方、話し方といった——一連の感性（sensibilities）にも関わっていると考えられるという認識である。恐らく、もっとも重要な感性は、「真理」に直接アクセスできるという確信（*conviction*）であろう。例えば、ヒューマニストは、葬儀を行う時、神や死後の生活について表だって言及することはないが、しかし、一定の形式性が必要であるという感覚は、自由と抵触することのない一つの真理として彼らの前に立ち現れている。間接的な接近法をとることは、到達すべきものが、必ずしもすべて知られているわけではないことを意識することでもある。

そこで、第一章においては、リベラルな国家や社会において「平等」と翻訳されるものの曖昧性について考察してみる。この語は、政治的イデオロギーとしての世俗主義にとって決定的に重要である。そして、宗教から非宗教への翻訳について考察することで、リベラルの言う平等性は、初期キリスト教の遺産であるという主張を考えてみたい。第二章においては、翻訳不可能性（untranslatability）の問題を取り上げる。ここでは、翻訳のいくつかの側面を、個人の思考や行動、感覚を作動させる伝統や儀式を経由して、人類学者のいう意識ある身体（mindful body）（私は感覚ある身体と呼ぶべきだと思うが）の点か

（1） Ludwig Wittgenstein, *On Certainty* (Oxford: Basil Blackwell, 1969)〔黒田亘訳、「確実性について」『ウィトゲンシュタイン全集9』大修館書店、一九七五年〕§559.

ら分析する。この翻訳は、私的な真の自己と社会的に提示された自己との区別に依存してはいないというのが、私の主張である。そして、この種の翻訳が、数への翻訳と対比されるであろう。第三章においては、唯一の自律的な主体という倫理的／政治的概念（いわゆる本質的自己）が、「真の」自己の意図をその公的な提示との関係で解釈する際の不確実性をいかに生み出すか、そして、統計的計算が、社会的現実の客観的な翻訳と見なされ、将来の問題を解決し、過去から引き継がれてきた障害を除去するものとして理解されるようになるのは、どのようにしてなのかという問題を検討する。

三つの章を一つに繋いでいるものは、翻訳（translation）の概念である。なぜなら、過去からの観念の伝達や内面化された実践の継承は、将来に関する不確実性と同様、相互理解と相互行為にとって中心的な意味を持っていることはいうまでもないからである。もちろん、「翻訳」の意味は、それぞれのコミュニケーションや行為の場合で異なっているけれども。この問題を考えるには、ローマン・ヤコブソンの有名な論文の中で行われている、翻訳様式の分類が役立つであろう。

言語学者としてであれ言葉の通常の使用者としてであれ、われわれにとっては、いかなる言語記号の意味も、別の、代わりの記号への翻訳であり、とりわけ、記号の本質のもっとも鋭い洞察者パースが執拗に言明していたように、「より詳しく説明されている」記号への翻訳なのである。例えば、bachelor〔独身者〕という言葉は、いっそう明確にする必要があるならば、もっと明確に表現された説明――unmarried man〔未婚の男性〕に転換することができる。われわれは、言語記号を解釈する三つの方法を区別することにしたい。すなわち、言語記号は、同じ言語の別の記号に、あるいは別の言語、あるいは別の、非言語的な象徴体系に翻訳され得る。この三つの種類の翻訳は、それぞれ次のように名づけるのが適切であろう。（1）言語内翻訳すなわち言い換え（*rewording*）は、言語記号を同一言語の別の記号によって解釈する。（2）言語間翻訳すなわち本来の意味の翻訳（*translation proper*）とは、言語記号をある別の言語によって解釈する。（3）記号間翻訳すなわち変換（*transmutaion*）は、言語記号を非言語的記号体系の記号によって解釈する。[2]

言い換えや明確化の過程は、あらゆるコミュニケーション過程に含まれている。しかし、ヤコブソンの分類では、次のことが必ずしも明確にはなっていない。つまり、パースにとっては、あらゆる記号状況が認識状況であり、彼の認識論は、知識を獲得する精神と知識の対象としての事実というデカルト哲学に特徴的な二元的な関係を、記号、指示される対象、解釈項[3]という三元関係に置き換えるものであった、ということである。そうだとすれば、翻訳は、言説Aから言説Bへの直接的な移行ではあり得ない。なぜなら、そこには記号Xを解釈する（Xに媒介される）ことが、常に含まれているからである。私の考えでは、伝統の中核にあるのは、こうした連鎖である。ある世代から次の世代への翻訳を媒介とした移行、何がその伝統にとって本質的であるのかをめぐる論争を媒介とした移行、それゆえ翻訳の中に反映されているに違いない差異、それが伝統の中核なのである。もう一つ付け加えたいのは、認識する精神

（2） Roman Jakobson, "On Linguistic Aspects of Translation", *Harvard Studies in Comparative Literature*, 23, no.1 (1959): 232-33.〔桑野隆、朝妻恵里子訳、「翻訳の言語学的側面について」『ヤコブソン・セレクション』平凡社ライブラリー、二〇一五年、二四七頁〕

（3） すなわち「解釈者」である。W. B. Gallie *Peirce and Pragmatism* (Harmondsworth, Middle sex: Penguin, 1952) 参照。

の対象としての記号は、純粋な認知的事象であり、感性を涵養することによって感覚ある身体へと翻訳された記号とは異なっている、という点である。

したがって、ヤコブソンの「記号間翻訳」の概念と私の見解は異なる。自然言語は、身体化された慣習を学ぶために不可欠であるが、それが最終的にもたらすものは、厳密に言えば、「非言語的記号体系の記号による言語記号の解釈」ではない。自己を涵養する慣習を翻訳として有意に記述することができたとしても、そうした慣習は（必ずしも）非言語的記号体系、すなわち意味の媒体ではない。主体にとって、それらは所与の伝統の中での生き方を学ぶ方法なのである。すなわち、言説的伝統（discursive tradition）は、単なる言語的過程ではない。それは同時に、そして第一義的には、共有された生活様式の構成員として獲得する習慣や感覚や行動に埋め込まれた、暗黙の連続性であり、ある時代から次の時代へと翻訳されるものなのである。それゆえ、言説的伝統の本質を構成するものに関して、その伝統の内部にある人々の間で生じる対立について語る時、それを翻訳し、肯定し、否定するために用いられる理由付けと論議（ここでは論議を、情報を与えるための抽象化あるいは語りというもっとも広い意味で用いる）に関係している。しかし、意識的であろうとなかろうと、伝統の本質についての論争に立ち入ることは、いかに手短にであっても、伝統に踏み込むことと同じである。言い換えれば、伝統の（構造であれ実態であれ）本質を特定したと主張することは、ある伝統に属する人々に、特定の立場をとり、特定の時間に生きるように説得する（あるいはそうしないように説得する）ことなのである。

以下では、まずヤコブソンが「本来の意味の翻訳」と呼ぶものを――特に、宗教的言語が政治的領域にふさわしいものになるためには、世俗の言語に翻訳されなくてはならない、というユルゲン・ハーバーマスの提案との関連で――扱う。そして、宗教的身体を規律する際に様々な発話言語的なモデルが用いられる場合（あるいは、作曲したり演奏したりする際に様々な技法が用いられる場合）、それは厳密な意味での非言語的記号体系による置き換えではない、と論じるであろう。なぜなら、記号としての記号は、特定の生が表明され生きられるその様式に解消されていくからである。ヴィトゲンシュタインが提示したように、生活はただそこにあるのである。しかし、自然言語に属する発話的記号から、唯一の（抽象的で普遍的な）言語、すなわち数学的言語への翻訳という形式があることも確かである。数学的言語の問題については、本書の末尾で再び立ち返るであろう。

ある自然言語から他の自然言語への価値の翻訳が、常に問題を含んでいることは、自分自身と異なる言語を用いる社会で研究を行う人類学者全員が指摘する点である。西洋の民族学者が、非近代的共同体にいる時には当然と考えていたことについて、欧米の母国に帰国すると、簡単にはそう思えなくなる理由は、その点にある。以下で示されるような理由から、特定の生活形式に特徴的なものを指示する重要な観念を抽象したり、まったく異なった生活形式に属するある言語の中から、それを表現する出来合いの単語を見つけだすことは、きわめて困難である。

ある自然言語から別の言語へのあらゆる翻訳は、いや、同一言語内の翻訳でさえ、自明かつ深い意味において、変形（transformation）である。ヤコブソンは、「すべての認知的経験とその分類は、存在するどの言語でも伝達可能である。欠けている点がある場合はいつも、用語は借用語や翻訳借用、新造語、意味の置き換え、さらには迂言法などによって、修正されたり敷衍され得る」と主張している。(4) しかし、これにも異論の余地がある。翻訳（というより、ヴィトゲンシュタインが言語ゲームと呼んだものにおけるあ

（4） Jakobson, "On Linguistic Aspects of Translation", 234.〔邦訳二五〇頁〕

らゆる言語の使用）は、意味をなす特定の単語列が他の単語列によって置き換え得るような、純粋に認知的な行為ではない。それは、ある文脈の中で、特定の音や像、そこから生じる感情を想起させる表現の複合体であり、行動や態度を現実化するものである。ヤコブソンは、詩の翻訳について、以下のように述べることで同様の見解を示している。「可能なのは――ある詩型から別の詩型へといった言語内転移であれ、ある言語から別の言語へといった言語間転移であれ、さらには、ある記号体系から別の記号体系へ、例えば言語芸術から音楽や舞踏、映画、絵画などへといった記号間転移であれ――、創造的転移だけである。[5]」翻訳という観念全般に関するこのような定式化に対する留保は、すでに示した。しかし、次のように問われるかもしれない。翻訳の標準的な概念化に抗する「詩」とは正確には何なのか。ヤコブソンは、以下のように鋭く指摘している。「もしわれわれが、伝統的な決まり文句 *Tradutore, traditore*〔翻訳者は裏切り者〕を *the translator is a betrayer* と英語に訳したならば、韻を踏んでいるイタリア語の警句は、そのだじゃれ（paronomasia）の価値をすっかり失ってしまう。そうなれば、われわれは認知的態度に強いられて、この警句をもっと明確な陳述に変えたり、どのようなメッセージの翻訳者なのか、どのような価値の裏切り者なのか、という質問に答えざるを得なくなることであろう。[6]」この詩に関する議論は、いかなる翻訳によっても、ある特定のメッセージが選択され、いくつかの価値が失われるという事実に注意を促すものである。しかし、選択の過程は、単に認知的であるだけではない。それは、感覚ある身体の変動する経験の産物である感性に依存している。詩の問題、何が選択されるのかという問題、何が忘れられ、何が翻訳不可能なのかという問題は、物語的な再‐表象のあらゆる行為に内在している。それは、ナショナリストの物語であっても同じである。

バビロニアの大叙事詩『ギルガメッシュ』のデヴィッド・フェリーによる驚くべき翻訳――エピロー

グでその一部を引用する――に寄せた序文で、ウィリアム・モランは、次のように書いている。「[フェリーが]我々に与えてくれたものは、翻訳、少なくともその言葉で通常理解されているような意味での翻訳ではない。それは、変形である。……彼は、[先行する翻訳者たちが]与えることのできなかったものを我々に与え、逐語的な翻訳には求めることのできなかったものを我々に与えてくれた。彼が我々に与えてくれたものは、一つの言語芸術作品である。彼はそれによって、原文の美の感覚と、原文を読み聞いた時に喚起されたに違いない感情の感覚を我々に伝えている。[7]」われわれがそれを読むことによって喚起される感情が、四〇〇〇年前にそれを聞いた人々のものと同じであるかどうかは、もちろん確証不可能である。だから、フェリーの翻訳は、原著の持つ潜勢力の一部を反映したものであるが、しかし、その翻訳は、(フェリー自らがそう書いているように)世界に対するわれわれの見解、特に古代世界に対する観念を英語で表現して、「演出」したものである、といった方が、おそらくよりわかりやすいであろう。彼の目的は、議論の余地があるとは思うが、バビロンでその叙事詩を聞いた人々の経験そのものを再喚起することではなく、その儀礼的性格、その還元不可能な力の感覚を、今日の英語読者のために再現することで、形式としての伝統の理解に資することである。それゆえ、この叙事詩における――勝利と破滅の――出来事を記述し概括する演出に際しては、言明の形式的な繰り返しがなされるのである。この翻訳の潜勢力は、聴衆が純粋に認知的なアプローチ(ある言語における物語は他の言語の言葉に満足いく形で翻訳できるという仮定)を乗り越える可能性に依拠している。そして、それは、人間であることの本質

(5) Jakobson, 238.〔邦訳二五六頁〕
(6) Jakobson, 238.〔邦訳二五六−二五七頁〕
(7) *Gilgamesh*, Trans. David Ferry (New York: Farrar, Straus and Giroux, 1992), xi.

が、古代のテキストに好きな時に接近し得る自由にあるという、世俗の感覚と対決することによってなされる。

「翻訳可能性は、ある種の作品に本質的に内在する」とヴァルター・ベンヤミンは書いている。

その作品の翻訳はその作品自体にとって本質的なものだというのではなく、あくまで原作に内在するある特定の意味がその翻訳可能性としてあらわになる、ということを言っている。翻訳は、それがいかに優れたものであろうと、原作にとって何かを意味し得るわけでは決してないことは明らかである。にもかかわらず、翻訳は原作とその翻訳可能性によって密接な連関のうちにある。それどころかこの連関は、原作そのものにとってもはや何も意味しないだけに、より一層密接なのだ。この連関は、自然的な連関、もっと厳密に言えば、生の連関といってもよい。生の顕われが生あるものにとって何も意味することなく、その生あるものと極めて密接に連関しているのとちょうど同じように、翻訳は原作に由来する。しかも、原作の生というより、その来世（afterlife）に由来する。(8)

もちろん、翻訳可能性は、常に、何がいかにして翻訳可能であるかという問題である。ベンヤミンは、自然言語から自然言語への翻訳について語っている。しかし、言葉を数に翻訳する時には、原作の来世にだけ帰属し、新たな可能性と新たな危険を作り出す、重要な何かが失われる。

他の社会に暮らす人々の典型的な行動、語り、感覚を理解するために、人類学者がフィールドワーク（生の他の形態を知るために、実際にそれを生きてみること）を不可欠と考えるのは、偶然ではない。こうした人類学的経験は、独特で、理解の方法としては不適切ですらあるかもしれない。しかし、「ネイティヴになろう」とする人類学者がほとんどいないことは記憶しておくべきであろう。なぜなら、われわれのもっとも奥深くにある感情は、自分自身の時代の自分自身の社会にある時にのみ本当に安堵するからである（実際にそう聞いたことがある）。また、南からの数知れぬ移民たちが、欧米に入国し、自分たちの将来と見なす別の生活形式を生き、それについて学んでいる。しかし、逆は正しくない。ヨーロッパ人が南に行く時には、征服と布教のためや、先住社会を置き換える植民定住者として、いわゆる新世界に行くのである。言い換えれば、権力の非対称性は、将来の計画やその理解のしかたを規定し続けているのである。そして、このことのある側面は、多くの人類学者に必ずしも明確にとらえられているとはいえない。つまり、一方でブロニスラフ・マリノフスキーが『西太平洋の遠洋航海者』（*Argonauts of the Pacific*）[9]の序文の中で民族学者に対して求めたように「原住民の視点」を理解しようとすることと、他方で、自分自身の生活形式に対して重要で、その生の理解を変える助けとなる何かを学ぶ可能性を求めて、「原住民」に接近することは、全く別のことであるという点である。「原住民の視点」そのものへの注目は、結局のところ、完全に道具主義的なアプローチと適合してしまう。なぜなら、こうした理解は、

（8） Walter Benjamin, "The Task of Translator", in W. Benjamin, *Illuminations*, edited and introduction by Hannah Arendt (New York Schocken, 1969), 71.〔内村博信訳、「翻訳者の使命」、浅井健二郎編訳、『ベンヤミン・コレクション2』所収、ちくま学芸文庫、一九九六年、三九一頁〕

（9） Bronislaw Malinowski, *Argonauts of the Western Pacific: An Account of Native Enterprise and Adventure in the Archipeligoes of Melanesian New Guinea* (London: Routledge and Kegan Paul, 1922).〔泉靖一、増田義郎訳、『西太平洋の遠洋航海者』『世界の名著（59）マリノフスキー／レヴィ＝ストロース』中央公論社、一九六七年〕

原住民の生活形式を、それとは全く無関係なある目的のために翻訳された情報としてしかとらえていないからである。

語源的には、「詩」は「制作」と関係している。この意味を取り上げることによって、ユルゲン・ハーバーマスのような理論家が擁護する、政治的な翻訳に内在する潜勢力が否定されるということは強調しておきたい。ベンヤミンと違って、ハーバーマスは、翻訳を、それを受け取る側の言語や生の様式を拡張する挑発としてとらえていない（挑発は、挑発する者の議論を受け入れなくてはならないことを意味してはいないが、適切な意味で応答しなければならないことを意味している）。私が、身体と魂の再形成について語る時、それと対比されているのは、数字を用いることによって、集合的に生を形成し再形成することを可能にするような政治的情報の翻訳である。私の考えでは、この二つの翻訳は、相互に対立する制作（*poiesis*）の類型である。近代国家と近代市場においては、抽象化と一般化によって、「同一のもの」の集積が可能となり、近代の倫理によって唯一のものと見なされる支配する主体が、特定の目的に利用できるようになる。しかし、数学的言語の使用は政治的管理や商業的利益といった短期的な関心にとどまるものではなく、人工知能や遺伝子工学などの発展に見られる創造性と未来志向の中核にある。それゆえ、こうした世俗の数的言語の発展が懸念の源となっていることは理解できる。

私が最後に主張したいのは、近代の科学、技術、産業の驚くべき発展は、数学的計算と世俗的な理性の勝利を画しているだけではないということである。それはまた、気候変動や環境破壊の確実性や、核戦争の確率といった、暗い未来をも指し示している。付言すれば、以下のことは驚くべきアイロニーであると思う。つまり、第二次世界大戦（後ではないにしても）の末期になるまで、ヨーロッパの（つまりキリスト教の）文明は、近代世界の創造者であると高らかに宣言していたが、現在では、将来もたらされるかもしれない脅威を前にして、人間性は自己破壊的であると人々が語るのは、珍しくなってきた。あたかも、世界中の零細農民や労働者も、企業家や政治家、職業軍人、銀行家、武器製造業者と同じ責任を将来に対して負っているかのようである。しかし、私が重要だと考えるのは、誰（「近代」、「ヨーロッパ文明」、「人間性」）に責任があるかを特定することではなく、われわれを破滅へと導いている言語と生活形式を特定することである。

最後に、ダニエル・エルスバーグの近著から、記憶しておくべき一節を引用しておくことにしよう。なぜなら、それは、われわれの生全体に影をさしているある状況に関するものだからである。

要約すれば、私が半世紀前に知るようになった合衆国の核戦力計画システムと核戦力のほとんどの部分は、現在でも依然として存在しているのであり、しかも、今日の環境科学者が言うように、当時理解されていたときよりも遥かに大きな規模の危険として、破滅へと向かっている。現代という核時代に現前しているリスクは、過去の世代、特に、過去一〇年間にほとんど排他的な公的な関心の焦点となってきた、非国家的テロリズムの急激な拡散の危険を遥かにしのぐものである。二つの超大国の武器と計画は、世界的な核不拡散運動の有効性に対する乗り越えがたい障害であるだけでなく、それ自体が、人間という種、そしてそれ以外のほとんどの種に対する、明確に現前している存在の危機である。……人類史における他のどのような政策も、これほど反倫理的で、常軌を逸したものではない。この破滅的な危機が生まれ、半世紀以上にもわたって維持されてきたのは、なぜ、そして、いかにしてなのかについて語ることは、人間の狂気の歴史を語ることでもある。アメリカ人やロシア人、あるいは他の人間が、この政策を覆し、自らの発明と性向によって生み出された、間近に迫る絶滅の危険を削減する試みを始められるかどうかを見守る必要がある。私は、それが依然として可能であるかのように行動する人々と、行動を共にすることを選ぶ[10]。

もちろん、人間は、残酷で利己的な行動をとる能力を持つと同時に、共感的行動の能力を持っている。人類を脅かしている恐怖は、「人間本性」の問題では必ずしもなく、われわれの集合的な生活形式に存在する二律背反と袋小路の問題なのである。

成熟した人間はみな、個人の生活の脆さと有限性をよく知っている。それでも、この地上からほとんどすべての生命を消滅させてしまうことは、感情的にも認知的にも、理解不可能な観念である。だからこそ、われわれはそれを考えないことを選ぶ。以下に続く短い検討において、人間の未来は依然として存在し得るという非合理的な希望へと進んでいきたい。そして、その希望を守るために、近代の学問としての人類学は、小さいながらも、その役割を果たすだろう。

(10) Daniel Ellsberg, *The Doomsday Machine: Confessions of a Nuclear War Planner* (New York: Bloomsbury, 2017), introduction, 67–69.

第一章　世俗的平等と宗教的言語

I

イギリスの経済学者で政治家のロバート・スキデルスキー卿は、「リベラルな道徳的価値」に対する、ヨーロッパのムスリム移民の人口学的な危険と彼が呼ぶものに関する最近の記事の中で、「世俗化は、世界に対するキリスト教の贈り物である」という政治哲学者のラリー・シーデントップの言葉を引いている。[(1)] シーデントップは、この問題を次のように語っている。

世俗主義の最も重要な点は何だろうか。それは、人間の根本的な平等や道徳的な平等に対する信念には、各人が自由に自分自身の決定を行うことのできる領域、良心と自由な行動の領域があるという

(1)　Robert Skidelsky, "European Politics with an Islamic Face?" *Project Syndicate*, December 28, 2015, https://www.project-syndicate.org/columnist/robert-skidelsky#Yk6PzkXhhQqhjdYt.99.

ことが含意されている、という点である。その信念は、「平等な自由」に対するコミットメントとしてまとめることができ、古典的リベラリズムの中心的な価値となっている。このコミットメントは、信念に対する中立性や信念の不在を意味しているのだろうか？　まったくそうではない。それは、次のような確固とした信念に基礎を置いている。すなわち、人間であるとは、合理的で道徳的な主体であることであり、自身の行動に対する責任を伴う、自由な選択者であることなのだという信念である。それは、規則に対する「盲目的な」服従ではなく、良心に特別な価値を置いている。それは、権利を他者に対する義務と結びつける。これもまた、キリスト教の平等主義的な道徳的洞察にとって中心的なものである。それは、聖パウロの「キリスト者の自由」と「律法への服従」との対比から導き出される。(2)

シーデントップが語るところでは、キリスト教は、平等、選択の自由、良心といった世俗の後継者と繋がっている。こうした価値は、それぞれ異なる形で、リベラルな社会の勃興の基礎にもなっている。その発言をした時期は政治的に重要ではあるけれども、キリスト教と世俗主義とが密接に結びついていることを主張したのは、スキデルスキーとシーデントップが初めてというわけではない。マックス・ヴェーバー、カール・シュミット、カール・レーヴィット、マシュー・アーノルド、そして、エルネスト・ルナンといった、ヨーロッパの重要な論者たちが、すでに同様の主張をしている。

世俗主義がキリスト教的起源を持つというこうした見解、あるいは、世俗の諸観念を、近代におけるキリスト教からの翻訳とする見解は、世俗化にはそれ自身の系譜があると主張する論者からの反論を受けてきた。それは、宗教と呪術からの根底的な断絶、すなわち近代科学と近代政治によって特徴づけられる断絶によって表象される系譜である。この論争には、すぐ後で簡単に触れることにするが、その前に、一つの疑問を提示しておきたい。自らを世俗主義者と規定する者にとって、キリスト教の遺産であると主張することがなぜ重要なのか、という疑問である。この問いに対して、私的な動機を提示することが難しいのは明らかである。しかし、そうした主張の効果がなんであるかということは、明確に理解することができる。それは、その遺産を主張することができない者すべてを、政治的に排除することである。このテーゼの支持者たちがキリスト教に言及する時に意味しようとしていることは、もちろん、ヨーロッパ人と非ヨーロッパ人の遭遇の初期に（特に非ヨーロッパ人を支配するヨーロッパ帝国の構築とともに）、キリスト教が、ヨーロッパ人のアイデンティティの重要な部分となったということである。もちろん、キリスト教の東欧的形態や、北東アフリカ的形態、あるいは西アジア的な形態も存在していたが、それらは、キリスト教の本質を非理性的に堕落させた形態として否定されてしまった。ヨーロッパが世俗性を引き出してきたと主張している遺産を、ユダヤ‐キリスト教的なものとして再定義することは、ナチのホロコーストまで続くキリスト教徒のユダヤ教徒に対する両義的な態度の長い歴史の最終局面になって現れてきた。ユダヤ‐キリスト教というこの新しい言葉は、それと関連する多くの変更と同様に、

（2） Larry Siedentop, *Inventing the Individual: The Origins of Western Liberalism* (Cambridge, Mass.: Harvard University Press, 2014), 333. シーデントップによれば、過去二〇〇年以上にわたるヨーロッパでの世俗主義者と教会との厳しい対立は、リベラリズムとキリスト教の関係についてのわれわれの理解を歪めてしまった。それは、一五世紀までに教会内で発展してきた原‐リベラリズム的な信念、つまり道徳的な平等性や自然権の範囲に関する信念と、政府の代議的な形態と自由な審問に関する信念とが、信仰を「強制する」権利があるという教会の主張に対抗して用いられる形で、世俗の君主の助けの下、同時に現れたからである。

真正の悔恨と和解として受け取られることを意図していた。しかし、神学の歴史の中で、ユダヤ教を時代遅れの宗教という地位に置いてきたのは、キリスト教的な視座なのである。[3] 今日では、ユダヤ－キリスト教的な遺産の主張は、ヨーロッパ連合の世俗主義者によって、ムスリムを文法的に排除する根拠として提示されている。

〔世俗主義の系譜に関する〕この論争の有名な一契機は、マックス・ヴェーバーの『プロテスタンティズムの倫理と資本主義の精神』であり、そこでは、プロテスタント的な態度（道徳性）のある側面が資本主義社会の神（蓄積）へと翻訳されたことが、逆説的に提示されている。あまり知られていないが、『職業としての学問』の中で、世俗化は、知性主義化と合理主義化による脱魔術化によって構成されていると論じられている。彼の議論によれば、この過程は、近代の個人の生活における知識の増大から成るのではなく、

　知りたいとさえ思えばいつでも確かめることができるだろうということ、したがって〔電車の運行に〕入りこんでいる、秘密に満ちた、計算不可能な宝など原理的に存在しないということ、むしろすべてのものを原理的に計算によって支配できるということ、こうしたことを知っており、また信じている、ということです。これが意味するのは、世界の魔法が解けるということです。未開人には〔秘密に満ちた、計算不可能な〕こうした力が存在しました。しかし、未開人のように精霊を支配し、願いを叶えてもらうために魔術的な手段に手を出すことは、もはや必要ではありません。技術的な手段と計算がやってくれる。何よりもこのことこそが、知性主義化なのです。[4]

脱魔術化としての世俗は、政治的権威からの宗教の分離の運動の一部であると同時に、合理性によって正当化された階層の構想と見なされるべきである。

五〇年前にハンス・ブルーメンベルクは、世俗化（*Verweltlichung*）によってもたらされた、彼や他のドイツの著述家たちが近代における「自己主張」と呼んでいたもの（科学的知識、民主的政治、個人主義的道徳）を擁護した。彼の議論によれば、この世俗的な応答は、単なる「世界性」（worldliness）の復権、すなわち超越的な自然の支配者としての神という中世的な（そして神秘的な）信念によって不明瞭にさ

（3）アモン・ラズ－クラコツキンは、よく考えられた示唆的な論文において、次のように書いている。「ユダヤの言説は、世俗主義の問題に接近する際の二つの異なる視点を統合する機会を与えてくれる。第一に、近代世俗主義にとっての「問題」としてのユダヤ人の存在に関する歴史的分析である。第二の視点は、ユダヤ人の完全な西洋化のプロジェクトとしてのシオニズム、ユダヤ人とその追放についてのキリスト教的認識の内面化によって現実のものとなるある過程によって与えられるものである。世俗のシオニストは、今流行の「ユダヤ－キリスト教徒」のもっとも代表的な例であるが、それは、東洋からの区別、アラブからの区別、そして、歴史的に追放されてきたユダヤ人からの区別によって構築される。シオニズムは、例外的なケースであるが、しかし、その規則についてわれわれが学ぶことのできる例である。また、その分析は、世俗性の別の選択肢を発展させるための追放という概念の、内在的な可能性を明らかにする。この概念自体、脱植民地化の過程を必要とする。」Ammon Raz-Krakotzkin, "Secularism, the Christian Ambivalence Toward the Jews, and the Notion of Exile," in *Secularism in Question: Jews and Judaism in Modern Times*, ed. A. Joskowicz and E. B. Katz, 276–98 (Philadelphia: University of Pennsylvania Press, 2015), 276（傍点はアサド）.

（4）Max Weber, "Science as a Vocation," in *From Max Weber: Essays in Sociology*, trans. and ed. H. H. Gerth and C. Wright Mills (London: Routledge and Kegan Paul, 1948), 139.〔野口雅弘訳、『仕事としての学問、仕事としての政治』講談社学術文庫、二〇一八年、四三頁〕

れていた時でさえ、常にそこにあったと想定されている現実を甦らせるだけではなく、もっと複雑なものである。(5)神聖なる全能者に関する信念を廃棄すれば、非宗教的な目的のために使用し得るようなキリスト教的観念だけが残るというわけではない。ブルーメンベルクは、次のように書いている。「神学的なカテゴリーの体系の呪縛圏から抜け出せば、決定済みのものとして近代が向かう世界は、現実概念の観点のもとでは、あるいは古代にあったとされる直観の直接性の観点のもとでは、〈非世俗的〉世界であり得る。(6)」いいかえれば、世俗化だけによって、人間に世界の実際の成り立ちが理解できるようになったのではない。それが可能になったのは、自己と外的な現実との間の距離を確立したためでもあるのであり、それこそが原始人たちにはできない(とヨーロッパ人が信じていた)ことであった。ブルーメンベルクによれば、この現実との距離によって生まれたものは、喪失の感覚であり、ロマン主義に見られるような、近代の到来に関する悲観主義である。

「古典的なリベラリズム」(と世俗化)の中心的な諸価値は、キリスト教の歴史からの翻訳であるという主張は、現代で「平等」と見なされているものと、中世のキリスト教会でそう同定されていたものが、大きく異なっているという事実を顧慮していない。例えば、ユルゲン・ハーバーマスが神の似姿(*imago Demi*)というキリスト教的概念、つまり、「神の姿に似せて人間は作られた」という観念は、すべての人間が平等に扱われるべきであるという政治的要求に翻訳されると論じる時には、この意味論的な裂け目が無視されている。(7)神の姿に似せて人間が作られたとする観念が現世における意味を与えられるためには、(プロテスタント神学者によって大いに強調されたように)原罪によって、アダムがエデンの園からこの世へ追放されたために、人間は堕落したのであり、神の恩寵によってのみ救済され得るという信念を、まずは放棄しなければならない。次に、この観念を、正義と尊厳がともに普遍的で無条件的なものであると想定され、彼岸性や神の恩寵に類するものとはまったく関係を持たないアプリオリの前提とされるような文脈の中に置かなくてはならない。「世俗」世界に関するこの感覚は、中世のキリスト教徒には理解不能なものである。彼らは、恩寵の神学によって、現世の内部で正当化される必要があったのであり、逆に世俗的近代からは、そのことが理解できなくなっている。

まずは、世俗国家における平等の多様な解釈（翻訳）から始めることにしたい。異論の余地はあるとはいえ、平等は、（政府の中立性の原則としての）政治的世俗主義と（すべての人が自由に信じ、行動する権利を持ち、あらゆる宗教を拒絶することができる）リベラリズムの双方にとって、もっとも重要な価値だからである。自由の観念は、少なくとも古典的リベラリズムにとっては、平等と同程度に重要なものであるが、それは、まさに、平等な自由、すべての市民の平等な自由が価値あるものとされているからである。これこそが、シーデントップが「平等な自由」について語る理由である。そのさらに先には、すべ

（5）Hans Blumenberg, *The Legitimacy of the Modern Age* (1966; repr., Cambridge, Mass.: MIT Press, 1985)〔斎藤義彦訳、『近代の正統性Ⅰ——世俗化と自己主張』法政大学出版局、一九九八年；忽那敬三訳、『近代の正統性Ⅱ——理論的好奇心に対する審判のプロセス』法政大学出版局、二〇〇一年；村井則夫訳、『近代の正統性Ⅲ——時代転換の局面』法政大学出版局、二〇〇二年〕

（6）Blumenberg, 9.〔邦訳Ⅰ、一一頁〕

（7）「神の似姿としての人間という表現が、どんな人間にも備わる、同じように、そして絶対に尊重されねばならない尊厳という考えに翻訳されたのは、こうした救済する翻訳の例である。」Jürgen Habermas and Joseph Ratzinger, *The Dialectics of Secularization: On Reason and Religion* (San Francisco: Ignatius, 2006), 45.〔三島憲一訳、『ポスト世俗化時代の哲学と宗教』岩波書店、二〇〇七年、一九頁〕尊重の義務は、尊厳の権利と相補的である。

ての人の平等な機会、すべての人の法の下での平等な取り扱い、すべての人に対する平等な尊重、（宗教的であれ世俗的であれ）すべての市民の平等な政治への参加があるであろう。これらすべての平等の審級は、リベラルな民主国家の内部に、国家自身の手によって組み込まれている。

平等の原則を主題とする哲学文献は、膨大にある。近年の政治理論において、おそらくもっとも幅広く議論されたものは、『正義論』に始まり『公正としての正義・再説』に終わるジョン・ロールズの議論である。リベラルな理論家であるという彼の主張は、平等の犠牲のもとに自由に与えられている決定的な重要性から引き出されている。彼は、「第一原理」（すべての市民に対する平等な基本的自由）と「第二原理」（機会の公正な平等）という二つの原理を区別することによって、これを実現している。そこでは、「格差原理」として知られているように、経済的社会的な不平等が、社会におけるもっとも恵まれない地位にある人々の利益になる場合にのみ、不平等は支持される。しかし、特定の不平等の構造において、もっとも恵まれない人々がもっとも恩恵を受けていると決めるのは誰で、その基準は何か、という点に関しては、控えめに言っても極めて曖昧である。これらの諸原則を詳述するに際して、翻訳は明らかに中心的役割を果たす。例えば、リベラリズムの物語の重要な部分を占めるアメリカ共和国の建国の父祖たちは、自由を、政治にではなく、財産に結びつけることによって、市民をお互いに不平等なものとして認識し、承認することができたのであるが、しかし、この経済的平等と政治的平等の初期的な分離は、それ自体問題のないものではなかった。不平等の意味するものが、豊かであるに値する何かを反映している（豊かな人は成功しなかった人よりも才能に恵まれている）ということなのか、それとも豊かな人々が必要としているもの（貧しい人々よりも支出が多いこと）を反映しているということなのかを、「合理的に」決定することは容易ではない。

自由と同様、平等も、明らかに曖昧な概念であり、異なる形で、そしてしばしば矛盾する形で理解されている概念である。その魅力は、それが隠しているものと同時に、それが明るみに出しているものにもある。平等の追求はまた、様々な脅威を呼び起こすものとして、恐怖の対象でもある。「ポピュリズム」、「非合理主義」、「不寛容」、あるいは「才能と革新」を認めることへの拒絶は、平等の追求から生まれる。世俗化の中に置かれると、平等の政治的起源と帰結は、リベラルな支持者たちの望みからすると、予期せざるものになったり、逆行するものになったりする。言い換えれば、世俗化は、宗教の一般的な理解を変形するだけではない。より重要なことに、それは、領域的な排他性と権利の平等な配分に基礎を置くという主権国家の主張によって構成されている、政治の観念を変形する。

主権それ自体も、出現しつつあるリベラリズムの言語の一部であり、政治権力の内生的創出という主張の一部であり、国家の領域内における排他的で強制的権力を集中し行使する権利と可能性の主張の一部である。[8] しかし、企業が政策や政治の形成を補助しているグローバル資本主義の世界においては、あらゆる中央集権的で強制的な権力を拒絶する無政府主義と同様、この主張はユートピア的なものである。リベラルな民主主義は、中央集権的権力は認めるが、それを信頼していない（それゆえ「最小限国家」になる）し、活力ある民衆の行使する強制的権力も信用していない（それゆえ「人々の最悪の本能」を管理しなければならない）。世俗主義は、少なくとも理論的には、この問題を扱う一つのやり方である。世俗主義は、巨大な国家権力を正統化する「宗教」の権利を否定し、不寛容と混乱だけを生み出す人々の「宗

（8） Hent Kalmo and Quentin Skinner, eds., *Sovereignty in Fragments: The Past, Present and Future of a Contested Concept* (Cambridge: Cambridge University Press, 2010) を参照。

教的情念」を抑圧するのである。

II

世俗主義とリベラリズムとを密接に関連したものとする論者はすでに挙げたが、私がここで特に関心を持つのは、リベラルの言語が、世俗主義に関する様々な原理——そのもっとも重要なものとしては、自由、平等、中立性という相互に関連した諸原理が挙げられる——を承認するために使用される方法である。注意すべきは、国家の中立性は、二つの選択肢の間の平等性を前提としており、平等は、すべての個人が自律的に行動する権利を含意していることである。しかし、混乱した日常的用法の中で、こうした言語を体系化しようとしても、結果はしばしば矛盾したものになる。例えば、中立性が、不平等を裏書きしてしまったりするのである。(9)

もちろん、世俗化は、リベラルな民主主義国家によってのみ実行されてきたわけではなく、権威主義国家によっても実行されてきた。このことは、リベラルの言語がいかに曖昧なものであり、近代的権力の定義と維持に、世俗国家の二つの類型の双方がいかに関わっているのかを示すものであるに過ぎない。この曖昧さがあるために、カール・マルクスとジョン・スチュアート・ミルが、明確に対立する思想家として提示される一方で、自由の構想に関しては一部共通点がある思想家として提示されたりするし、革命期アメリカの奴隷所有者である政治的エリートが、リベラリズムの歴史に不可欠なものとして記述されたりもする。(10)

こういう言い方もできるかもしれない。歴史的には、世俗主義は、近代国家を様々な形で枠付けてきた。しかし、それは、理に適ったもの、平等、自由といった、それ自体曖昧なものに対する特徴的な感覚や信念によって支えられているのである。世俗的な個人は、自らを自律的で合理的であると考える。自らが「真の宗教」と見なした生活形式を選択することができる時でさえ、そうなのである。しかし、自律性や合理性が意味するところは常に明解とは限らないし、もし明解であるとしても、歴史的に一定というわけではない。イデオロギー的には、選択の自由と言論の自由——何をするか、何を消費するか、何を信じて、何を言うかの選択——は、リベラル（で世俗的）な社会と国家における基礎的な権利であると言われる。[11]この物語が成り立つのは、市民が自由に選択することができ、すべての個人のアイデンティティの自律性が肯定できるための条件の一部として、社会制度と領域の分化——とくに、諸宗教間および「宗教」と「非宗教」の分化——が生じたからである。[12]

（9）Joan Scott, "Secularism and Gender Equality," in *Religion, the Secular, and the Politics of Sexual Difference*, ed. L. Cady and T. Fessenden, 25-44（New York: Columbia University Press, 2013）を参照。

（10）マルクスとミルについては、Graeme Duncan, *Marx and Mill: Two Views of Social Conflict and Social Harmony*（Cambridge: Cambridge University Press, 1973）を参照。革命期アメリカにおける政治的エリートの奴隷所有に関しては、Domenico Losurdo, *Liberalism: A Counter-History*（London: Verso, 2011）を参照。

（11）例えば、植民地主義と権威主義は、今やリベラリズムとは正反対のものとなっているが、よく知られているように、一九世紀リベラリズムの定礎者であるジョン・スチュアート・ミルは、植民地的な権威主義を、政治的な未成熟に訴えることで正当化していたのである。

（12）社会制度と領域の分化についての有益な議論については、José Casanova, *Public Religion in the Modern World*（Chicago: University of Chicago Press, 1994）〔津城寛文訳、『近代世界の公共宗教』玉川大学出版部、一九九七年〕を参照。

もちろん、リベラリズムのすべてのバージョンが同じというわけではないので、世俗化は、歴史的環境の違いによって、異なる方向に進む。中立性の原理によってリベラリズムが動機づけられる時、そこでの世俗主義は、平等との折り合いを難しくしてでも、多元性を承認する。リベラリズムが寛容に動機づけられる場合、世界を「文明化」することに関与し続け、ある階級や人種にその権利を与える特別な形式をとる。リベラリズムのアイデンティティは、歴史的に変動している。（教会と君主の特権を制限することを目的とした）一七・一八世期の革命運動から、（エリートの権力と帝国の優位を強化しようとする）一九・二〇世紀の社会的保守へと、そしてごく最近の（市場の自由を加速させ、金融資本のグローバルな文配を促進し、不平等を拡大していく）略奪的なものへと変わっているのである。[13] 単一で一貫した物語が語られているという主張によって、こうした根本的な差異が、リベラリズムの歴史における諸契機に過ぎないという形で取り繕われてしまっている。リベラリズムが、「同じ」であるかどうか、そして、それがどの程度まで「同じ」であるかは、法や政治――そして、ある市民集団の集合的経験と記憶――が、自由に対する脅威をどのように解釈するかによって変わってくる。一八世紀と一九世紀のリベラルの感性は、二〇世紀や二一世紀のリベラルの感性と同一ではない。あらゆる偉大な歴史的イデオロギーと同様、リベラルの言語は、洞察と自己欺瞞、共感と無慈悲さの両方の可能性を含んでいる。「神のリベラリズム」なるものは存在しない。人々は、リベラルな行動やリベラルでない行動について、あるいは、政治システムとしてのリベラルな民主主義について、様々な意味で語り、それによって、特定の態度や観念を称賛したり、非難したりしているだけなのである。言葉は、このようにして習得され、用いられるものだからである。

例えば、一九世紀のイギリスでは、選挙権の拡大が富の喪失に繋がるという恐れを多くの人が抱き、それゆえ資本主義の繁栄と大衆民主主義は両立不可能だという恐れを抱いた。しかしやがて、政治的自由からの経済的自由のイデオロギー的な分離は、特権の保護に有効であることが明らかになった。第二次世界大戦後、リベラリズム、資本主義、民主主義は、不可分なものとして一つにまとめられた。多くのリベラルの信じるところでは、福祉国家は、資本主義の行き過ぎを抑えるものであり、所有システムの大幅な再編成は、それが市民的、社会的、政治的権利を危険に晒すだけでなく、個人のアイデンティティに対する脅威であるという理由からも、多くの市民には受け入れられない。しかし、共感や道徳的進歩の勝利だとリベラルたちに見なされている福祉国家は、多くの社会主義者や無政府主義者から見ると、所得の少なからぬ部分を、賃金労働から、教育、老齢年金、医療といった形態での国家給付へと置き換えることによって、大多数の市民を国家に束縛するものであり、ブルジョワ的な不平等に依存させるものなのである。

『アメリカにおける自由の伝統』において、ルイス・ハーツは、アメリカで労働者政党や社会主義政党が一度たりとも存在したことがなかった理由を次のように説明している。すなわち、ヨーロッパと違って、アメリカのリベラリズムは民主主義を確立するために封建構造を清算する必要がなかったこと、また、（南北戦争前の南部では、自分たちの社会は封建的であると夢想していたけれども）封建主義を一度も経験しなかったことが、アメリカのリベラリズムを独特なものとしたのである。この本のテーゼは、エピグラフのアレクシ・ド・トクヴィルからの有名な引用に集約されている。「アメリカの大きな利点は、

（13）　Michael Freeden, *Liberal Languages: Ideological Imaginations and Twentieth-Century Progressive Thought* (Princeton, N.J.: Princeton University Press, 2005) は、リベラルな言説と非リベラルな言説の歴史的重なりを追跡しているが、残念なことに、自由化と世俗化との重なりについては、直接にはほとんど何も語っていない。

民主主義革命の労苦を経験する必要なしに、民主主義の状態に到達したことであり、平等になったのではなく、生まれながらに平等であるということにある。」しかし、フロンティアが拡大し、ヨーロッパ起源の人々に土地が開放されると、奴隷制という構造化された不平等や民族的虐殺と排除が進行していく。そして、このことがリベラリズムに対して持っている含意について、実はハーツは検討していない[14]。

別の言い方をすれば、リベラルな民主主義と世俗主義は、ともに近代リベラル国家から生じたものであり、その本質的な構成要素ですらある[15]。したがって、世俗主義が宗教と国家の分離を規定し、平等と自由を支えているというよくある想定は、おそらく次のように定式化し直されるべきであろう。つまり、世俗主義とリベラルな民主主義は、市民に市民権（特に社会的政治的な平等）を与えることで、宗教を特定の国民に結びつけ、それによってリベラルな民主主義国家を権力国家として形成するための中心的な役割を果たしている。ここで、現在われわれが市民権として考えているもの（市民／臣民の自由、平等など）と、領域内外における権力を保全するために必要な主権国家の権威主義的行動を初めて結びつけて論じたのは、トマス・ホッブスであるということを思い出しておくことは価値があるであろう。この意味において、ホッブスが示したのは、今日の言い方で言えば、国家のリベラルな傾向と権威主義的な傾向とのバランスを取る必要性である。なぜなら、結局のところ、リベラリズムは、イデオロギー的には強い国家を信頼しないけれども、宗教的自由を守り、宗教的情念を管理するためにはかなりの社会的力が必要とされるので、十分な強さを持った政府を求めるからである。

リベラルな価値の中でもっとも重要なものは、もちろん、言論の自由、つまり、すべての人が保有する権利としての無制約な発言権である。世俗主義者によるこの権利の行使が、他者の宗教的感性に対して時に攻撃的になるとしても、である。政治哲学者のグレン・ニューウィは、次のように論じている。

現実の社会の中で発言が服さなくてはならない公式非公式の制約には、非常に大きな違いがあるにもかかわらず、言論の自由の観念を、すべての市民が平等に保持している単一の絶対的権利として扱っても妥当であるのは、すべての市民に平等に割り当てられているもう一つの基本的権利である結社の自由にとって、それが本質的であることが前提とされているからである。[16] 例えば、コミュニケーションが行われる様々な領域（クラブ、劇場、議会、講義室など）において、その空間の目的の規定に沿う形で言論を制限するルールが存在するが、この目的に規定された社会的空間に参加する人々は、自発的にそうするのであり、自分が参加を選択した制度的な空間でのコミュニケーションに特別な制限があることに同意しているのである。したがって、ニューウィの議論はこうである。言論の自由の本当の関心は、結社の自由というすべての人に平等な権利の擁護である。言論の本来の目的はコミュニケーションであるから、言論の自由の制限は、歴史的には世俗主義によって促進されてきた結社の自由の障害となるのである。この議論は、確かにもっともらしいが、しかし、ニューウィは、（「国家機密」の漏洩に対する場合のよう

（14） Louis Hartz, *The Liberal Tradition in America: An Interpretation of American Political Thought Since the Revolution* (New York: Harcourt, Brace, 1955).〔有賀貞訳、『アメリカ自由主義の伝統――独立以来のアメリカ政治思想の一解釈』講談社学術文庫、一九九四年〕

（15） カール・シュミットは、あらゆる人間の平等と、市民と外国人との間の不平等は、リベラリズムの解決不可能な矛盾を構成していると指摘した。市民権は、排他的な国家がなければ意味を持たず、リベラリズムには世俗の国家が必要なのである。Carl Schmitt, *The Crisis of Parliamentary Democracy* (Cambridge, Mass.: MIT Press, 1985 [1923]), 特に「第二版への序論」(1926)〔樋口陽一訳、『現代議会主義の精神史的状況　他一編』岩波文庫、二〇一五年〕を参照。

（16） Glen Newey, "Denial Denied: Freedom of Speech," *Amsterdam Law Forum* 2, no. 1 (2009).

な）国家によって行われるコミュニケーションの制限について何も語っていないし、反逆罪で市民を処罰する国家の義務についても何も語っていない。市民権は、本当に自由な選択の上に成り立ち、国家の権威と法の下に個人を服さしめるものなのであろうか。（国家の正統性を主張する方法を見つけることに最大の関心がある）政治的義務に関する契約理論家たちであれば、そう考えるかもしれない。しかし、現実は異なっているように思われる。例えば、アフリカ系アメリカ人は、（ごく最近になるまで）北アメリカに来ることを選択したわけではないし、アメリカ先住民は、アメリカ合衆国によって国内的に打ち立てられた秩序に自発的に参加したわけではない。この議論にとって、同じくらい重要なことは、ほとんどの人が、ある国家の領域内に市民として生まれるのであって、ある国家の市民になることを選択するわけではないことである。

近代国家と近代政治の熱心な擁護者であるピエール・マナンは、命令‐服従関係に基礎を置く古い政治秩序と、制度化された差異に基礎を置く――教会の国家からの分離、分業、権力分立を伴う――近代のリベラルな民主主義というお馴染みの対比を行なっている。マナンは次のように主張している。「政府を媒介者として、自分が自分自身に命令しているということもできるかもしれない。結局のところ、私は自分自身に服従しているのである。」(17)この発言は、ジャン・ジャック・ルソーの市民社会についての説明の結論を反復している。「これまで述べてきた違いのほかに、社会状態で新たに獲得されたものとして、道徳的な自由を加えることができよう。人間が真の意味でみずからの主人となるのは、この道徳的な自由によってだけなのである。というのは欲望だけに動かされるのは奴隷の状態であり、みずから定めた法に服従するのが自由だからである(18)」。

マナンによるルソーの（そしてカントの）反復を読んで最初に考えついたのは、支配する者であると同時に支配される者でもある主体、命令する権利を与えられていると同時に服従を要求される主体とは、精神病の一形態ではないか、ということであった。政府による監視が市民の私的な生活を侵害し、市民が話し、行動し、考える方法を管理する時に、その主体は自らを管理し、保護していると信じる。後に論じるように、この信念は、病的政治の旋回軸となるものである。

分離と平等を作り出そうとするリベラルの衝動は、執拗に継続している。それをマナンは、次のように称賛している。

個人主義的な秩序とブルジョワ的秩序の背後には、何も残されていない。すべての人が、政府と社会によって尊重されるべきプロパティの所有者とみなされねばならない。ここでいうプロパティは、財産だけからなるのではなく、ロックと同様に生命と自由を含んでいる。そこにはまた、意見、「価値」「アイデンティティ」、「指向」といったものが含まれている。私であるすべてのものの正当な所有者は、私自身である。国家と社会は、そのことを認識し、宣言しなくてはならない。私が私であるということすべてを、国家と社会は、明示的に承認しなくてはならないのである。(19)

(17) Pierre Manent, *A World Beyond Politics? A Defense of the Nation State* (Princeton, N.J.: Princeton University Press, 2006), 14. 一ページ後で、彼は次のように指摘している。「社会は分割された権力として表象されるので、市民は、他者をそれほど大きく害するような力を持つことはないだろう。」表象の驚くべき力を示す一例である。

(18) Jean-Jacques Rousseau, *The Social Contract and Discourses* (London: Dent & Dutton, 1913), 16.〔中山元訳、『社会契約論／ジュネーブ草稿』光文社古典新訳文庫、二〇〇八年、五〇－五一頁〕

(19) Manent, *World Beyond Politics*, 30.

しかし、マナンがその前で論じていたように、国家のアイデンティティは私のアイデンティティでもある。国家の命令することが私のしなくてはならないことである、ということを私は知っているのである。リベラルな民主主義社会においては、「プロパティ」の哲学的な意味（あるものの本質的な性格）は、「所有権」という経済的な意味（物に対する処分権）に翻訳され、その結果、富が政策の方向を定めるに際して基本的な役割を担う。

他のあらゆるイデオロギーと同様、リベラルな世俗主義も、歴史的文脈の中で形成されたものであり、その語彙自身が成長させ、促進してきた生活形式によって形成されてきたものである。リベラリズムを理解しようとする人々にとって、どのような種類の自由と平等が擁護されており、それに抵抗するのは誰であり、いかに打倒されたかを正確に知ることは決定的な重要性を持っている。

「リベラリズム」、「世俗性」、「宗教」といった語が使用されたり、その使用が反対されたりするのは、現実に進行している社会的行為の過程においてである。言語が実践と共振するからこそ、ある生活形式において意味をなす用法は、その生が変化すれば意味を失ってしまう。したがって、翻訳は、日常生活の、継続的かつ必然的な特徴なのである。世俗化は、「宗教」やそれに結びついた語彙の文法における根底的な変化に見えるかもしれない。しかし、後に論じるように、世俗化は、様々な形で、「儀礼化」と呼ばれるものと常に緊張関係にある。

要約すれば、混乱を明晰性で代替し、偏狭さを寛容で代替するのと同じように、「宗教」を「世俗主義」で代替しようとする啓蒙の物語は、説得性を欠いている。世俗的な感性や信念、主体といったものが、世俗主義に敵対するものとして規定してきた（そして「超越的真理」と翻訳することで我がものとしてきた）宗教的な諸要素と相互作用しながら発展してきたからだけではなく、世俗の人格の確実性につい

ての主張が、宗教的な人格以上ではないにしても、それと同程度には特殊なものであったからである。(20)

Ⅲ

法の下の平等の原則は、リベラルな民主主義社会において平等が権威づけられる主要な形態である。それは、すべての市民が、同じ法的な権利（投票の権利、公平な裁判を受ける権利）と義務を相互に認める、というものである。だから、その原則に従えば、すべての市民は、平等に法によって守られ、平等に法によって義務付けられる。しかし、法に訴えるすべての人が、他の人と同じやり方で裁かれるという議

(20) 宗教と世俗が排他的なものであるという疑われることのない前提は、様々な水準で問題にし得る。一つの例を取り上げてみよう。フィリップ・ゴルスキは、その優れた新ヴェーバー的な研究であるPhilip Gorski, *The Disciplinary Revolution: Calvinism and the Rise of the State of Early Modern Europe*（Chicago: University of Chicago Press, 2010）において、初期近代ヨーロッパにおけるカルヴィニズムは、近代世俗国家の長い系譜の中の決定的な部分であることを示している。もちろん、このことは、ヨーロッパの帝国主義が、彼らが後に征服し支配した非ヨーロッパ世界に遭遇した際に学んだことが、近代世俗国家の発展に無意味であったということではない。逆に、特にイギリスの近代国家は、その近代化の決定的な側面を、グローバル帝国の中心としてのその地位に負っている。イギリスのインド植民地での経験がいかにリベラリズムの歴史を形作ってきたかについての優れた説明については、Uday Singh Mehta, *Liberalism and Empire: A Study in Nineteenth-Century British Liberal Thought*（Chicago: University of Chicago Press, 1999）を参照。それにもかかわらず、リベラリズムの歴史を描く時に主要な例として取り上げられるのは、ヨーロッパの例であり、政治的イニシアティヴは、常に本国の中心部にあるものとして描かれ続けているのが、現実である。

論は、その事案に意味のある、すべての入手された事実を考慮に入れるべきであるという了解を前提としている。例えば、人種や宗教的背景が意味を持たないとされる場合には、これらの要因に着目することは、誤りを示すものであって、普遍的な規範としての平等の侵害を示すものではない。平等に人々を扱う必要がある事案ではなく、誤った形で取り扱った事案、つまり、現下の問題に対しては意味を持たない基準に訴えている事案なのである。これこそが、アファーマティヴ・アクションの原理を正当化するものである。それは、歴史的な誤りを正すために行われる試みである。

平等という抽象的な観念は、思いがけない結果を生み出すこともある。二人の個人が（抽象的なカテゴリーとして）完全に平等であると考えられる場合、どちらを選ぶかという官吏の選択は、無差別的であるべきである。言い換えれば、（代替可能な）平等な対象から選択しなければならない場合、公職者が不公平な選択をしてはならないことは明らかである。しかし、エジプトにおけるコプト人に対するムスリム、イスラエルにおけるパレスチナ人に対するユダヤ人、フランスにおけるムスリムに対する非ムスリム、アメリカにおける黒人に対する白人のように、法的には完全に平等であるはずの事実を目の前にしている場合でさえ、公職者がこうした差異を元にして選択することは起こり得る。誤った選択が行われていることに他者（この場合には、その公職者）が気付くことや、誤った差別であることを他の誰かが証明したりすることは、困難であることが多い。選択の集合に対する統計的な分析だけが、その偏りを明示し、個人の選択を誤ったものとして提示することができる。より正確に言えば、多数のものの分析だけが、社会的現実の「真理」を明らかにする。そうした分析が示すパターンは、正当化できない選択（つまり能力に基づく選択ではなく感情に基づく選択）が行われていることを明らかにする。すなわち、ある候補に対する不平等な扱いではなく、その選択がなされる地位に関して、公式の基準では意味を持たないはずのカテゴリーに属している候補に有利な偏りという形で、不平等な扱いがなされているという不正が示されるのである。そして、意味を持たないはずの基準に従った取り扱いが誤った取り扱いを意味する場合には、市民は誤って取り扱われてはならないという規範からの逸脱ということになる。

ちなみに、「機会の平等」という言葉が、一八九一年に最初に用いられた時、それが意味していたのは、差別なく雇用される権利、つまり、専門性のみに基づいて雇用の適格性が考慮される権利ということだけであった[21]。リベラルな世俗社会で、その言葉は、緩やかに「平等」への衝動そのものを意味するようになってきた。実際、今ではこの言葉は、平等な条件で競争する権利、すなわち、後に論じるように、（民主的な国家と対立してはいないが）民主的な倫理と対立する、出世第一主義的な倫理を促進する権利として理解されるようになっている。ともあれ、平等の原則が、「同じ状況にある人々を同じように扱う」ことを意味する限りで、それは規範的には空虚なトートロジーである[22]。

個人の責任や他者への損害、求められている専門家の種別、候補者の経験などの個別の環境と、個別の理由に基づいて作られた法だけが、判断にとって意味があるもののすべてである。法的平等は、普遍的な尺度ではなく、争いのある事例の結論として最終的に証明されるものである。それは、一般的な法的ルールの侵害を主張する場合だけでなく、特定の不正がなされたので、その承認を求める場合もある。この主張は、特定の言語で、特定の事実——法的事実と法にとって意味のある事実——に言及することによってなされるが、それは、特定の生活形式に埋め込まれている。（顕在的なものであれ潜在的なもので

(21) *Oxford Historical Thesaurus* 参照。

(22) Christopher J. Peters, "Equality Revisited," *Harvard Law Review* vol. 110, no. 5 (1997) 参照。しかし、第三章では、統計という抽象的な言語が用いられる時には、平等の原則は、必ずしも空虚ではないと論じられる。

あれ）日常生活における規範性は、制度的な判断のない場合でも、同じような形で連続しているのである。

平等の政治的含意の理解には、多くの問題がつきまとっていることは、ここまで示したとおりである。それが制度化されるべきか、そして、もしそうなら、どの程度まで制度化されるべきかに関する論争の中心は、道徳的で実践的な「有意性」をどのように規定するかをめぐるものである。しかし、第一義的に関心が持たれるのは、現実の不正あるいは潜在的な不正についてであるように思われる。労働者たちが、団結権（自己防衛）のためやより良い労働環境（人間的な扱い）のために、ストライキを続ける時、彼らが求めているものは経営者との平等ではなく（まして貧困国の労働者との平等などではなく）、正義なのである。もしアメリカにおける黒人が、「平等」への権利を持つとすれば、それは白人がある形で取り扱われてきたからではない。自らを「黒人の命が問題だ（Black Lives Matter）」と呼ぶ運動は、「すべての命が問題だ」と翻訳することができるわけではない。なぜなら、それは、黒人の人々が、まさに黒人であるという理由で蒙ってきた強い不正の感覚を表明しているからである。その不正が、この運動の要求を間違いなく正しいものにしているのである。ここでは、（リベラルが支持するような）白人との平等が熱望されているのではなく、不正義の矯正が求められているのである。その正義が現在の権力と利益の構造の中では達成し得ないものであったとしても、である。

Ⅳ

では、リベラルたちは、世俗の国民国家における平等をどのように理解しているのだろうか。影響力ある法学者のロナルド・ドゥオーキンによれば、あらゆるリベラルな政治的価値は、平等の諸側面と見なすことができる。彼は、次のように問うている。

> 政府がその市民たちを平等な者として取り扱うとは何を意味しているのか。それは私が思うに、政府がその市民たちすべてを自由な者として、あるいは独立した者として、あるいは平等な尊厳を持つ者として取り扱うとは何を意味しているのかという問題と同じ問題である。……これに対して二つの根本的に異なった回答があるだろう。第一の回答は、政府は善き生の問題とでも呼べるものについて中立的でなければならないとする。第二の回答は、政府がその市民を平等なものとして取り扱うためには人間がいかにあるべきかに関する理論がなければならないのだから、政府はその問題について中立的ではあり得ないとする。[23]

そして、彼は、リベラルの政治的倫理にとって本質的なものは、平等性の第一の概念であると論じていく。

この問題について、ドゥオーキンに同意しつつ引用しているイラ・カッツネルソンによれば、平等のリベラルな概念は「「政府がそれに関係する人々を平等なものとして取り扱う要請」、つまり、配慮と尊重の感情をもって取り扱うという要請」である。[24] この個々の人に対する「配慮と尊重」をもった取り扱

(23) Ronald Dworkin, "Liberalism," in Stuart Hampshire, T. M. Scanlon, Bernard Williams, Thomas Nagel, and Ronald Dworkin, ed., *Public and Private Morality* (Cambridge: Cambridge University Press, 1978), 127.〔森村進、鳥澤円訳、『原理の問題』岩波書店、二〇一二年、二五八頁〕

いの強調は、マナンが指摘した、「プロパティ」を個人のアイデンティティの本質的な次元とする翻訳に与えられた、新たな特徴を反映している。なぜなら、誰かを配慮と尊重を持って扱うことは、その人が誰であり、なんであるかを決めているもの、つまり、「アイデンティティ」の所有者であるという認識を前提としているからである。「アイデンティティ」は、最終的にリベラル社会において当然与えられるべき何かであるとみなされているけれども、この近代的な観念は、第二次世界大戦後になってやっと公的な言説の重要な部分になったことは指摘する価値がある。それは、精神分析と社会科学が公的な言説に影響を与えた結果であり、いわゆるアイデンティティの危機のために、個人がその「アイデンティティ」を引き出してくるものと想定された「エスニシティ」に対する政治的関心が高まった結果である。[25]

しかし、ここで、個人のアイデンティティの主張よりも重要な問題がある。それが、政府当局の側の義務も規定しているという点である。政府の官僚機構による平等な取り扱いは、無差別的に、つまり、ある人の環境を他の人のそれよりも好むという個人的な関心の感覚に依拠することなく、表明されなければならない（としばしば主張される）。[26] いいかえれば、個々の人は、絶対的な意味で市民と見なされ、その資格において、他者と交換可能であると見なされる。平等な尊重というリベラルの理念が（普遍的な権利に関する場合と同様に）機能する時、それは、ドゥオーキンやカッツネルソンが念頭に置いていると思われる厚い配慮的関心（solicitous concern）とは明確に異なっている。要するに、平等が多数の人々に対する無差別性を要求するところでは、――病院での患者の手当や列車の乗客の扱いのように――ものごとに対する抽象的な規則の権威的な適用が導かれることがあり、「非人間的な扱い」と批判的に呼ばれるものになる可能性があるのである。

他方、リベラルな官僚に特徴的であると想定されている尊重の感情は、実際には、多くのリベラリズム以前の社会の政治にも見出される。例えば、有名な論文で、J・G・A・ポーコックは、一八世紀のアングロ - アメリカにおける、配慮と尊重を伴った場について記述している。こうした階層社会において、敬意は、政治的関係であると同時に個人的なスタイルでもあった。また、それは、異なる社会的能力や政治権力と折り合いを付けなくてはならないという認識でもあった。こうした社会においては「尊敬」と「影響」は、次のような形で区別されていた。つまり、クライアントの「尊敬」ではなく、パトロンの「影響」こそが、後者の前者に対する操作の手段を提供しているのである。にもかかわらず、影響と尊敬は、あいまいな形で結びついていた。「尊敬は、パトロンが提供しなくてはならないものを認める気にさせるための［クライアントの］手段であるだけではない。それはまた、クライアントを奴隷状態という意味での依存状態へと貶めるようなことを、パトロンはすべきではなく、双方の独立と自尊を認めるようなやり方でクライアントを扱うべきであることを、思い出させる手段でもある。[27]」ポーコックによれば、両者は、ある形式的行為のコード（「儀礼化」）に拘束されており、パトロンの傲慢さに対して自尊心から来る怒りによって応答するような状況以外では、直接的な感情の自然発生的な表出は管理

(24) Ira Katznelson, "A Properly Defended Liberalism: On John Gray and the Filling of Political Life," *Social Research* 61, no. 3 (Fall 1994): 622.
(25) Philip Gleason, "Identifying Identity: A Semantic History," *Journal of American History* 69, no. 4 (1983) 参照。
(26) Michael Herzfeld, *The Social Production of Indifference: Exploring the Symbolic Roots of Western Bureaucracy* (Chicago: University of Chicago Press, 1992) 参照。
(27) J. G. A. Pocock, "The Classical Theory of Deference," *American Historical Review* 81, no. 3 (1976): 522.

されていた。一八世紀の時点では、イギリスの国家はまだはっきりと世俗的というわけではなかった(国教会制を廃止したため、アメリカ憲法はそうであったという議論はある)が、イギリスにおいてもアメリカにおいても、尊敬の伝統は、形式的行為のなかに表現される相互の関心と尊重の感覚とともにあった。もちろん、それはその理念が常に実現していたということではない。尊敬の形で表現された形式的な不平等は、認容可能な様式であったに過ぎず、それは、近代のリベラル国家において個人が保持している平等と自由の形式的権利と明らかに対照的なものである。あるいは、対照的なものであった、というべきだろうか。

アルバート・ハーシュマンは、尊敬が世俗の代議制民主主義の本質であることを強調している。一連の公的な理由づけを要約して、彼は次のように記している。「一方で市民は、自らの考えを表明し、自ら欲するものを政治的エリートに知らせて、彼らがそれに応答できるようにしなくてはならないが、他方、これらエリートには意思決定の権限が与えられていなければならない。こうして市民は、ある時は影響を与える存在でなければならないし、またある時は他人の決定に敬意を表する存在でなくてはならないのである。[28]」市民の政府に対する影響力は、それが最大となる場合でも、相当程度に制限されているということは、認識されつつあり、また、ある程度は理論化もされつつある。もちろん、一八世紀のヨーロッパ諸国における政治的な恩顧関係と近代のリベラルな民主主義の間には、重要な違いがある。少なくとも、奴隷は法的に禁止されており、女性に対する法的な差別は終わりを告げているからである。しかし、ほとんどの違いは、スタイルの問題であると議論することはできるだろう。確かに、様々な感情の表出があり、様々な理論的言語の用法があり、様々な道徳的語彙がある。それは、搾取と腐敗の様々な形態があるのと同様である。しかし、ハーシュマンは、エリートが政治的決定を行い、国家と市民社会における社会的コントロールを実施する自由を強調し、それによって、リベラルな民主主義社会における権力の特権性を指摘している。ここにも、（宗教的、法的といった）不平等の特定の形態が、平等によって明確に置き換えられる新たな物語が存在している。富と権力の不平等が重要なものと見なされていない以上、この平等の言説が行き着く先は、階層構造の廃止ではなく、その不可視化である。

ここで私が強調したいのは、「従属」を「平等」と単純に対置することは、近代社会における政治的関係の特徴を深く理解する適切なやり方ではないかもしれない、ということである。なぜなら、「政治」という概念そのもの、その範囲と内実が、時間と空間によって大きく変動しているからである。

V

しかし、あらゆる個人に対する平等な配慮と尊重の観念と、世俗化の過程における不平等の形態の間には、別の関連もある。その関連は、人権の言語において、おそらくもっとも顕著であろう。リベラリズムの本質的な部分として世俗主義を理解する人々は、その中心的な長所が、市民だけでなく、すべての人間を平等な配慮と尊重を持って扱う点にあると主張している。この文脈では、「すべての人間は、生れながらにして自由であり、かつ、尊厳と権利とについて平等である」という世界人権宣言の第一条がしばしば持ち出される。市民的及び政治的権利に関する国際規約第一〇条（一）は、より明確である。

---

(28) Albert O. Hirschman, *Exit, Voice, and Loyalty: Responses to Decline in Firms, Organizations, and States* (Cambridge, Mass.: Harvard University Press, 1981), 32.〔矢野修一訳、『離脱・発言・忠誠――企業・組織・国家における衰退への反応』ミネルヴァ書房、二〇〇五年、三六－三七頁〕

「自由を奪われたすべての者は、人道的にかつ人間の固有の尊厳を尊重して、取り扱われる。」こうした言明は、一八世紀末の「人と市民の権利の宣言」まで遡ることもできる。その第六条は、「およそ、市民は、法律の目には平等であるのだから、その能力に従い、その徳性と才能以外の区別をすることなく、等しく、あらゆる公的な高位、地位、職位への資格がある」と宣言している。しかし、サミュエル・モインは、人権言説の出現は、フランス革命よりも新しく、この回顧的な結びつきは、現代のイデオロギーによって構築されたものであるという、説得的な議論を展開している(29)。

個人の尊厳の近代的観念には、名誉や地位が、世俗や教会の階層構造における特権ある少数者に帰属していた前近代世界の痕跡が残っていることを指摘する研究もある(30)。世俗化された世界において、尊厳——他者を丁重に取り扱うとともに、他者に丁重な行動をとってもらう権利があるという感覚——は、すべての人に適用されることになっている。正義は、生の条件とは無関係に「人間」という抽象的なカテゴリーに所属している感覚(所属しているとみなされている感覚)に言及するようになりつつあり、その地位にあることで、「法の前の平等な権利」を持っているものとして人間を定義するのである。それは、現実の世界において権力と資源がどのように配分されているかには言及しない。こうした問題に注意深く目を向けなければ、代表や制限政府、市民権といったリベラルの諸原則は簡単に失われてしまうにもかかわらず、である。(ヘイト・スピーチやセクシャル・ハラスメントに関する法の系譜の一部である)「侮辱(insult)」は、実質的な不平等であるよりも、法的な誤りであると考えられることが多い。私の考えでは、この事実は、近代国家が可能にしている権力の不平等な構造よりも、「アイデンティティ」(自己所有的自己)の方がますます強調されるようになっていることと密接な関係がある。

尊厳概念の異なる社会的文脈への翻訳については、興味深い歴史がある。かつて高い社会的地位を示していたこの概念は、今ではあらゆる人間の本質であり、それゆえ、世俗社会に不可欠であると主張されている。しかし、この意味の拡張は、見た目以上に複雑である。例えば、ジェームズ・ホイットマンは、ヨーロッパ連合によるこの概念の法制化の起源を、戦前のドイツまでたどっている。彼の驚くべきテーゼによれば、ヨーロッパにおける「人間の尊厳」という法的な概念の一部は、ファシズム時代の法秩序から生まれている。彼は、ファシズム体制が――「名誉裁判所（honor courts）」の体系を通じて、イデオロギー的にあるいは実際に――いかに尊厳（*Würde*, *Ehre*）の概念を拡張して、社会の構成員としての承認を要求する資格を持つ、通常のドイツ人にも適用されるようにしたかを詳説している。「法は、「名誉」の価値を中心に回っている」とホイットマンは書いている(31)。

あらゆるドイツ人の平等な尊厳は、いまやあらゆるヨーロッパ人の平等な尊厳となった。今日、ファシストたちが人種的あるいは宗教的理由によってかつて排除した人々の尊厳の保護は、ナチスの行為に対する憎悪によって突き動かされている。しかし、それは一面に過ぎない。「ナチスは、「名誉」の主張を「アーリア人」の最下層まで拡張した。彼らは、それを社会的階層の最下部まで押し広げたのである。

---

(29) Samuel Moyn, *The Last Utopia: Human Rights in History* (Cambridge, Mass.: Harvard University Press, 2012) 参照。

(30) Jeremy Waldron, *Dignity, Rank, & Rights*, The Berkeley Tanner Lectures (Oxford, New York: Oxford University Press, 2012) 参照。

(31) James Q. Whitman, "On Nazi 'Honour' and the New European 'Dignity,'" in *Darker Legacies of Law in Europe: The Shadow of National Socialism and Facism over Europe and Its Legal Traditions*, ed. Christian Joerges and Navraj Singh Ghaleigh, 243-66 (Oxford: Hart, 2003), 247.

今日の法学は、名誉の主張をなおも拡張しており、ついには、かつて人口のうちでもっとも嫌悪されていたセクターにも及んでいる[32]。」ホイットマンの説明は、近代の尊厳法が、リベラリズムとファシズムの両方に適合可能であるということだけでなく、平等という世俗の主張が成立するための諸条件を、独裁政体が作り出す可能性があることを、われわれに想起させる。ニール・アシャーソンが最近主張していたように、「ヒトラーは、虐殺を行った暴君ではあるが、同時に近代化の推進者でもあった。目に見える彼の遺産は、耐えることのできない恐怖と屈辱に対する責任である。第三帝国が、戦後のドイツの成功に知られざる形で貢献していたと考えることは容易ではない。その貢献とは、確固とした社会的平等、再建された連邦構造と共存する、ドイツ人共通のアイデンティティの強固な感覚、労働者階級の福祉と余暇に対する独創的な規定である[33]」。したがって、この平等な尊厳の感覚は、近代国民国家におけるその地位ゆえに強固なものとなっているが、一九世紀の人種概念にその起源――と感情的色彩――を持っている。それは、平等な尊厳の感覚が、諸国民国家の世界における国民国家の正統性と権威を強化するだけでなく、体系的な残酷さを持つ国家ともいかに容易に適合するかを示している。

しかし、近代化と世俗化の過程において、専制はリベラルな価値の成立要因になり得ただけではなかった。リベラルが経済的不平等を効果的に処理することができない（あるいは望まない）こと、政治的腐敗に寛大であること、特定の生活形式を世界全体に伝道しようという内在的な欲望を持つこと、無限に拡大し続ける国家の安全保障――そして敵を特定する必要性――にコミットすること、こうした点を考慮すれば、リベラリズムそれ自体に、権威主義に向かって進んでいく可能性が内在している。ウンベルト・エーコは、読者たちに次のことを想起させている。「ヨーロッパのリベラルのリーダーたちの多くにこの［ベネト・ムッソリーニの］新しい政体は、興味深い社会的改革を実現しつつあり、共産主義の脅威に対する穏健な革命の選択肢を提供するものであると確信させたのは、イタリア・ファシズムであったのだ。[34]」かつて第三世界と呼ばれていた地域では、世俗主義とリベラリズムには専制と暴力が必要であるという政治的な信念が長らく存在した。だから、著名なエジプトのジャーナリストで、二〇一三年に発生した軍事クーデターの支持者でもあったヒルミ・ナムナムは、次のように主張している。「民主主義も社会も、血を流すことなしには前進し得ない。[35]」後に、アブデル・ファタ・アル・シーシ政権の文化大臣という地位にある時、彼は再びエジプトの「本質的に世俗的な性格」について論じているが、

---

(32) Whitman, 266.

(33) Neal Ascherson, "Hopping in His Matchbox," *London Review of Books* 38, no. 11 (June 2, 2016). 博士論文に基づく、初期の同様の議論については、David Schoenbaum, *Hitler's Social Revolution: Class and Status in Nazi Germany 1933-1939* (New York: Doubleday, 1966)〔大島通義、大島かおり訳、『〔新版〕ヒットラーの社会革命――一九三三―三九年のナチドイツにおける階級とステイタス』而立書房、一九八八年〕参照。

(34) Umberto Eco, "Ur-Fascism," *New York Review of Books*, June 22, 1985.〔和田忠彦訳、「永遠のファシズム」『永遠のファシズム』岩波書店、二〇一八年、二七―六七頁〕サミュエル・モインは、「共産主義の危険」が、近代の人権の発展において、共産主義と資本主義の双方に対する選択肢として「人格主義」を構築していく決定的な契機となったことを、説得的に論じている。Samuel Moyn, *The Last Utopia: Human Rights in History* (Cambridge, Mass.: Harvard University Press, 2010) 参照。

(35) "Mafish dimūqrātiya wa mafish mugtamaʿ intaqal ila-l- amām bidūn damm." 二〇一三年六月三〇日以降の新憲法について議論がなされた、ナムナムによって組織されたワークショップ (halaqa niqāshiya lil-hayʾat al-injīliyya hawl dastūr misr baʿd 30 yūnyū) の YouTube ビデオを参照。この問題についての、ムスリムとキリスト教徒双方の中産階級の人々によるワークショップが、特にカイロで多数開かれた。http://www.youtube.com/watch?v=_rdetkbS_s.

それは、かつてシーシの政権奪取を正当化した同志であったサラフィスの怒りに応えたものである。ナムナムの「進歩」の概念は、近代世界史的な意味において理解することができるものであり、神学的な進歩の概念（つまり予定された目的に向かう運動）とは大きく異なっている。ハンナ・アレントは、次のように説明している。

人間全体の進歩なるものが存在するという観念は、一七世紀以前には存在しなかったが、一八世紀の文人（*homme de lettre*）のあいだではかなりありふれた見解となり、一九世紀にはほとんどあまねく受け入れられる教義となった。しかし、その初期の考え方と、最終的な段階での考え方には決定的な差異がある。パスカルやフォントネルによってもっともよく代表される一七世紀の観念は、進歩を何世紀にもわたる知識の蓄積と考えたが、一八世紀にはこの語は「人類の教育」（レッシングのいう *Erziehung des Menschengechlechts*）を意味し、それは人間が成年に達することを持って終わるとされた。進歩は無制限ではなかったのであり、歴史の終わりでもあり得る自由の王国と見なされるマルクスの階級なき社会は――しばしばキリストの終末論やユダヤのメシアニズムの世俗化と解釈されているが――実際のところ啓蒙主義の時代の刻印を帯びている。けれども、一九世紀が始まるとともに、こうした制限はすべて姿を消した。(36)

（リベラルたちが遺憾に思いつつも、時にそれが必要であると主張する）「平等主義」を強制するための暴力の使用と、（警戒するリベラルもいるが、リベラルの基盤の上で正当化することもできる）権威主義への移行は、平等が作り出され保証される舞台となる世俗の国民共同体に関与しているという点で、共通するものがある。

平等主義的な感情の両義性は、平等それ自体が、実際には法的かつ感情的な排除の行為によって規定されることをその擁護者たちが認識する時に、一層はっきりと明らかにすることができるかもしれない。ほとんどのリベラルが批判する法哲学者であるカール・シュミットは、有名な一節において、次のように書いている。

あらゆる実質的な民主主義は、等しいものが等しく扱われるだけでなく、その不可避の帰結として、等しからざるものが等しく扱われぬということに基づいている。……一七世紀のイングランドのセクトにおける民主主義では、平等性は宗教的確信の一致に基づいていた。一九世紀以来、それは、とりわけ、特定の国家における構成員資格、すなわち構成員の同質性のうちにあると考えられてきた。平等性が政治的に興味深く、価値あるものであるのは、それがひとつの実質をもち、それゆえに、少なくとも等しくないことの可能性と危険性がある場合に限られるのである。(37)

ヨーロッパ諸帝国の時代には、イギリスのように相対的には同質的でリベラルな民主主義が、海外の異質な人々を支配することも政治的に可能であった。この根本的な不平等性によって、「世俗化」を、本

(36) Hannah Arendt, *On Violence* (New York: Harcourt, Brace & World, 1969), 25-26.〔山田正行訳、『暴力について』みすず書房、二〇〇〇年、一一八頁〕

(37) Carl Schmitt, *The Crisis of Parliamentary Democracy* (Cambridge, Mass.: MIT Press, 2000), 9.〔邦訳一三九－一四〇頁〕

国と植民地においてそれぞれ異なる形で構成し得たのである。例えば、イギリスにおける平等への動きは、異なる政治的帰結をもたらす産業と帝国という二つの不平等からその力を引き出していた。本国においては、成長しつつある工場、港湾、鉱山への労働者の集中が、ストライキを組織する能力を与え、その政治的な力が、産業の所有者の応答を引き出し、有効な社会正義の要求を作り出していった。これに対して、大部分が農村であった植民地は、本国の工場に農産物を供給する一方で、専属市場として仕えることになった。それは、植民地の上層階級が人々を独立のために、つまり、新しい主権国家の構成員として、かつての支配者と形式的に平等になるために動員するまで続いたのである。[38] 独立に際して国家が獲得した、正義を実現するあらゆる新たな可能性の一つとして、人々は自分自身の排除と抑圧を表現する自由と権力を獲得したのである。

ヨーロッパにおいては、その住民が、次第に自分たちの伝統を「ユダヤ－キリスト教的」と規定するようになったので、政治的共同体内における平等の原則が、そこで生まれたムスリムの住民には容易に拡張され得ない。なぜなら、彼らは「非リベラルな宗教」の信奉者として同定されるからである。それゆえ、市民に対して、信念にかかわらず絶対的に中立であるという世俗主義の主張は、極めて疑わしいことが明らかになる。現世における神の不在という条件の下では、キリスト教の世俗的な後継者たちは、あらゆる人に対する平等な愛ではなく、国民国家の非常に重要な利益に訴えるに違いない。平等は条件的であり、尊厳は国家間の境界によって制限される。

リベラルな世俗国家においては、平等と尊厳は、市民というアイデンティティに緊密に結びつけられているように思える。もしある人が、ある領域国家の法的な構成員でないならば、アレントの有名な議論のように、尊厳の権利を含むあらゆる権利は意味を持たない。「アーリア人」の尊厳と平等は、ユダヤ人やロマには無価値である。一九世紀の北アメリカに合衆国として登場した世俗のリベラルな政治体においては、平等者の自治的なコミュニティが、不平等を主張することによって、イデオロギー的に形成され、物質的な資源を獲得した。しかし、アフリカ系アメリカ人は、コミュニティの中には組み込まれたかもしれないが、非自由労働者として、市民社会からは排除された。また、アメリカ先住民は、虐殺され、発展しつつある文明の外部に放逐され、文字通りの意味で国家の領域から排除された(39)。この二つの排除の例は、単なる人種的分離の例ではない。より重要なことに、それらは劣った人々を管理し搾取する異なる戦略なのである。一つは奴隷制であり、もう一つは保護区である(40)。それゆえ、心理的な傾向と法的な地位としての市民の平等は、特権的な集団に従属する人々と対比した時に、特別な価値を持つ。

(38) Eric Hobsbawm, *The Age of Empire, 1875-1914* (New York: Vintage, 1989)〔野口建彦、野口照子訳、『帝国の時代1875-1914 Ⅰ・Ⅱ』みすず書房、一九九三年、一九九八年〕参照。

(39) Aziz Rana, *The Two Faces of American Freedom* (Cambridge, Mass.: Harvard University Press, 2010) 参照。

(40) マームード・マンダニは、アフリカにおける植民地支配に関して、以下のような重要な議論を行なっている。「植民地支配のもとにおける市民社会の種別性を規定する排除は、人種による排除である。しかし、市民社会の差別的で排除的な性格だけに焦点を当てることによって、植民地権力の性質を理解することはできない。むしろ、市民社会から排除された主体の一団を実際に支配している権力の特殊な性質を把握することが求められる。」Mahmood Mamdani, *Citizen and Subject: Contemporary Africa and the Legacy of Late Colonialism* (Princeton, N.J.: Princeton University Press, 1996), 15. マンダニの議論の要点は、排除と差異化は植民地支配体系に不可欠であり、そのようなものとして、植民地のおける反抗の性格に、否定的なインパクトを与える、ということである。

近代の世俗世界は、明確な境界線を持つ領域国家の体系である。国家の狭間にある人間の平等を保護したり、尊厳を享受したりする余地は存在しない。国家が何の権利も持たず、何の法的な力も持っていない唯一の領域は、公海であり、そこでは人間は、自然の力に晒されており、溺死の危険に直面しているという点で平等である。もしキリスト教徒が近代世界において価値あるものとされる世俗的な感覚を与えられているとすると、その与えられているものは、想定されているよりも、危険であることは確実である。なぜなら、リベラルな民主主義社会においてもっとも明瞭なものは、すべての人に対する神聖なる愛ではなく、すべての人に対する国家権力だからである。

近代世俗世界の社会的不平等の経験は、精神の構造に複製されていると考えるジークムント・フロイトは、無意識の「人格（*personae*）」と精神的力の間に、その強さをめぐる終わりなき闘争を見ている。したがって、フロイトが提示しているのは、近代の個人の両義的な動機であるコンプレックスに関する世俗の理論だけでなく、リベラルな民主主義に特徴的な、欺瞞性と不安定性の諸形態に関する世俗のモデルでもある。おそらく違いは、精神分析における自己欺瞞の克服過程に類するものが、政治の領域にはないことである。つまり、リベラルのエリートは、実際に語られたり行われたりすることが無秩序と不正義をもたらすことを知らない（あるいは知りたくない）のだが、被分析者の方は、分析の完了によって、より大きな自由の条件がもたされる、という違いである。だから、政治における平等の訴えは、異議だけでなく策略にもなる。

VI

しかし、平等に関してもっとも困惑するのは、(その動機が宗教的なものであるか世俗のものであるかを問わず) その追求が、逆説的なことに、不平等を引き起こし、それゆえ、不正義の感覚を生み出す、ということであろう。ここでは、歴史ともフィクションともとれる、ある状況について語ることにしよう。

連合王国には、依然として国教会 (イングランド教会) があり、その首長は君主であり、高位聖職者が議会 (貴族院) の職権上の構成員であるにもかかわらず、長らく自らを世俗国家と考えてきた。この伝統は、二〇世紀に入って、宗教的少数派に対するほとんどの法的な差別が取り除かれた後も、続いている。その意味において、イギリスの世俗化は、より大きな平等を達成するための手段として、キリスト教的一体性を押しつけるのではなく (イングランド国教会の宗教的ヘゲモニーに対する数世紀にわたる闘争が鎮まってから長らく経つことはその証拠である)、世俗的理由付けを用いている。つまり、ここで問題になっているのは、宗教的信念ではなく、社会のなかでその人が占めている場がその人の能力に見合っているかどうかなのである。

オルダス・ハクスリーの『すばらしい新世界』の伝統を引き継ぐ著作が一九五八年にイギリスで出版され、多くの書評が公表された。その著作は、市場の競争によってではなく、世俗国家の権威によって規定されるある種の平等の追求を扱っていた。マイケル・ヤングの『メリットクラシーの勃興』は、一九世紀中葉以降のイギリスのリベラルな民主主義における平等への衝動を描いている。それは、社会的感覚の世俗化を促進し、国教会主義による法的差別に反対して、国内政治の世俗言語を強化するものであった。この小説の語り手は、二〇三〇年代前半に設定された彼の時代の大きな危機について説明して(41)いる。その危機は、平等という目標に突き動かされた社会の出現によって広まった恨みがもたらした暴力的な反乱として現れた。平等社会とは、すべての人が平等になった社会ではない。教師と生徒、判事と被告人、医師と患者、あるいはまた、交通整理の警官と行き交う人や車の場合などのように、特定の社会的状況において特定の類型の権威を行使しなければならない人々が持つ非対称性を、社会は決してなくすことはできない。平等社会の目的は、権威に対する恣意的なアクセス――すなわち、宗教的な基準や親族であるかどうかという基準――に基礎づけられる不平等を廃棄することにあった。機会の平等は、特権を行使する権利がすべての人に開かれ、科学的なテストによって付与されることを求めた。この革命的な平等の追求は、逆説的にも、知性と能力に基づいて、社会における特権と権力を独占するエリートの出現をもたらした、と語り手の説明は続く。定年がないため、能力の明確な証拠が必要となった。それは、能力を審査するために継続的な検査が行われることを意味し、最終的には年功制という概念そのものの崩壊を導いた。この概念（さらに拡張すれば、経験と伝統の権威）が疑わしくなった結果、人々の能力が年齢に応じて衰えていくにつれて、（心理学者によって作成された）テストの有効期間は徐々に短縮されていった。機会の平等が体系的に適用されている範囲では、もっとも有能なものが社会の頂点に上り、知性に劣るものが社会の下層に取り残された。落伍者は、この機会の社会における能力を持っていないがゆえに軽蔑の対象となり、その結果、この新しい秩序において、自らの尊厳を疑われたと考える多数の人々の中に、恨みが募っていった。それが広範な暴動に繋がったのである。

一九七五年に、マーガレット・サッチャーは、イギリスのブラックプールで保守党党首としての最初の演説を行ったが、その演説でリベラルな権利としての機会の平等について語っている。

人間は、国家というコンピュータの中の数字であるべきであると信じている社会主義者もいます。われわれは、人間は個人であるべきだと考えています。われわれは皆不平等なのです。神のおかげで、誰かとまったく同じ人間などいないのです。しかし、社会主義者は、そうでないふりをしています。われわれは、すべての人が不平等である権利を有すると信じています。しかし、われわれにとって、すべての人間は同じ重要性を持っています。技師、鉱夫、手工業者、店員、農場労働者、郵便配達員、主婦、こうした人たちは皆われわれの社会の不可欠の基盤であり、この人たちなしでは、国家は成り立ちません。しかし、機会を与えられるべき特別な才能を持った他の人々もいます。なぜなら、科学やテクノロジー、医学、商業、産業の分野で新しい方向に向かって進もうとする冒険者たちを妨害すれば、その分野の発展はあり得ないからです。妬みの精神は、破滅的です。それが建設的であることはありません。男女を問わず、すべての人が、自分が選んだやり方で、自分自身のうちにあると知っている能力を発展させることを認められるべきなのです(42)。

この見方にしたがって、すべての人が不平等である権利を持っているとしたら、それは二つのまったく違う——矛盾するわけではないが——意味においてである。第一に、すべての人のアイデンティティが、他の人のアイデンティティに還元できないという意味においてであり、第二に、他者よりも先んじ

（41） Michael Dunlop Young, *The Rise of the Meritocracy, 1870–2033: An Essay on Education and Equality* (London: Thames and Hudson, 1958)〔伊藤慎一訳、『メリトクラシーの法則』至誠堂、一九六五年〕

（42） Margaret Thatcher, Leaders Speech, Blackpool 1975, http://www.britishpoliticalspeech.org/speech-archive.htm?speech=121#banner. 強調は筆者追加。

ようと試みることがすべての人の権利であるという意味においてである。どちらも、機会の平等の原則を支える道徳的な議論である。しかし、サッチャーの「私たちにとって、すべての人間が同じように重要である」という言葉の意味は明確ではない。聴衆は、この言葉を、すべての人間に対する尊重の感情の表現として理解すべきだったのであろうか、それとも、社会の機能としてのすべての人の価値の表現として理解すべきであったのであろうか。もっとも、彼女が列挙した社会的役割は、ほとんどすべて労働者階級に属するものであることと、「機会を与えられるべき特別な才能を持った他の人々」に言及していることを考え合わせると、彼女が階級的特権を支持していることは明白なのだが[43]。

機会の平等を異なる種類の人間の価値の平等へと翻訳するサッチャーの演説から四〇年後、ヒラリー・クリントンは、この原則へのコミットメントを、集団的アイデンティティと個人的アイデンティティという概念を操作しつつ、次のような形で表明した。「私は、われわれが協力してなし得ることが何かを知っています。協力することで、われわれは、アメリカを遅れた存在にしている障害を打破し、すべての人にとっての機会の階梯を作り上げることができます。アメリカは、互いのことに気を配り、自分の役割を果たすことが自分のなすべきすべてであり、いっしょに上昇していくことしかできないと理解している人々によって建設されたのです[44]。」クリントンが信じるところによれば、競争のための平等な機会によって、すべての人がいっしょに上昇していく――ただし階層的な秩序の中で――ことが可能になる。リベラルであるので、サッチャーもクリントンも、機会の平等を法的権利へと翻訳されるべき道徳的な権利と見なしている。したがって、ここでは、世俗理性の働きの反映として、機会の平等（すなわち競争への平等）への衝動が、差異としての不平等を正当化している。この平等の原則の特質は、彼または彼女に値するものを市場が保証してくれるという信念だけではない。平等への世俗的な動きは、本質的には、効率性と「差異」を促進する必要として提示される。この二つの非平等主義的な原則が、相互の無条件的なケアの原則に対立するものとして、この平等の要求（つまり能力主義）に修辞的な力を与えているように見える。

　ヤングの物語の指摘によれば、キリスト教的形而上学は、キリスト教の形式的実践の大部分がなくなった後も、なおイギリス全体に広く浸透している。だから、不満を抱く人々は、次のように問うことになる。「どのようにしたら、人間が、神の目には平等でありながら、心理学者の目には不平等であり得るのだろうか？」と。[45] これに対する世俗的な回答は、次のようなものであるはずである。神はすべての人間を同じように愛しており、同時にすべての人間を独特のものと見なしている。科学的、政治的、経済的成功は、ある地位を占めるために必要な能力が、すべての人間に平等に与えられてはいないことを示している、という答えである。しかし、キリスト教の伝統が普遍的な共感を教え、リベラルな世俗性がその徳を引継いだと主張する一方で、機会の平等への政治的関与は、ある顕著な失敗を明るみに出す。なぜなら、リベラルの倫理の中では適切に扱えない残酷さの諸形態に対しては、無関心が助長されているからである。リベラルな倫理では、残酷さは、ある人が他の人に与える、意図的で理由のない苦痛で

（43） マイケル・ヤングは、「メリットクラシー」という言葉を作り出したが、ほぼ半世紀後、能力主義社会という観念をトニー・ブレアが転用したことについて、いささか後悔を込めたコメントを記している。Michael Young, "Down with Meritocracy," *Guardian*, June 28, 2001.

（44） Quoted in Jack Smith, "A Still Uncertain Election," *CounterPunch*, August 17, 2016. https://www.counterpunch.org/2016/08/17/a-still-uncertain-election/.

（45） Young, *Rise of the Meritocracy*, 71.

あるとされる。弱い人間や他の動物の生命に対して、特定の生活形式によって与えられる残酷さ、つまり、殺そうとか苦しめようという個人の意図に基づかない残酷さは、そこに含まれていない[46]。なぜなら、それぞれの生活形式は、それ独自のやり方で、生きるままにしたり、死ぬに任せたりするからである。例えば、ここには近代戦争における「巻き添え被害」と呼ばれるものは含まれるが、「不必要な残酷さ」や「不釣り合いな暴力」は含まれない。

　ある個人が他者になしたことの結果であると見なされない時、リベラルは政治的暴力を残酷さの主要な源泉と考える傾向がある。しかし、残酷さは、テロリズムや戦争といった出来事の中だけで生まれるわけではない。それは、進歩的でリベラルな世界の日常生活の多くのものの基礎でもある。日常生活における残酷さの一つの例については、すでに述べたので、ここでは別の例を挙げることにしよう。現代のリベラルな民主主義が抱える多数の都市人口は、安くて栄養ある食料の豊富な供給を受けることができている。それは、肉、ミルク、卵のために動物を大量に生産する方法を発展させた、「すべての人の福利」を目指す産業的農業のおかげである。しかし、すべての市民に平等な食糧を供給するために必要だとされているこの発展は、人間以外の生命形態にはかつてないほどの残酷さを伴っている[47]。

　近代世俗国家の多くでは、残酷であるという理由で、動物を宗教のために犠牲にすることを禁じるよう公的に要求され、法も制定されている[48]。しかし、生き物の不必要な殺害や損壊として犠牲を定義すると、必要な場合に——例えば、社会的平等を推進するという目的のために——動物を残酷に扱うことを認めてしまうことになる。ある行動が「無意味に残酷」であるというリベラルによくある非難は、無意味ではない残酷さの形式があることを含意する。そこには、単なる「血の儀式」ではなく「国家のための犠牲」と見なされた場合には「英雄的」と公式に記述される、戦争における民兵の死や深刻な身体的

受傷が含まれている。[49] しかし、あらゆる形態の不必要な殺害の一般的な禁止にもかかわらず、この二つ

（46） 意図がどのようなものであれ、意図せざる損害を他者に与えた場合、その責任は個人の行動に帰されるということは正しい。しかし、個人の意志の不在は、残酷さの不在を意味するものとして、一般には受け止められる。

（47） 例えば、Timothy Pachirat, *Every Twelve Seconds: Industrialized Slaughter and the Politics of Sight*, Yale Agrarian Studies Series (New Haven, Conn.: Yale University Press, 2011) を参照。一定水準以上の残酷さは、公的な視線（と政治的介入）が遮られているというその労働条件によって、食肉解体業者にも苦痛を与える。Eric Schlosser, *Fast Food Nation: The Dark Side of the All-American Meal* (New York: Houghton Mifflin, 2001) 参照。産業的農業によって地球環境に与えられる膨大なダメージについてのさらなる疑問——特に産業的な食肉生産の意図せざる結果——については、Keegan Kuhn and Kip Anderson, *The Sustainability Secret: Rethinking Our Diet to Transform the World* (San Rafael, Calif.: Insight Editions, 2015) を参照。

（48） 例えば、以下の説明は、フロリダ州ヒアリー市の場合である。「フロリダ州のヒアリー市会は、一九八七年九月に動物の犠牲を禁じる条例を可決した。そのきっかけは、サンテリアの信仰者によって運営されている新設の教会、文化センター、学校であり、その精霊崇拝は、しばしば犠牲という形態を取る。すべての動物殺害を禁止しない——そうしたら市民の食べるものがなくなる——ために、市会は条例の対象を明確に規定した。決定は、「犠牲」だけに向けられた。それは、次のように意味であるとされた。「公的および私的な儀礼または儀式において、第一の目的が食物として消費することではなく、必要もないのに動物を殺害し、拷問し、折檻し、切断すること」。この定義は、「宗教」という言葉を避けて書かれている。その代わり、ここでは、聖なるものであれ世俗のものであれ、すべての儀礼や儀式における動物の殺害が、表面上は中立的な形で禁じられている。いうまでもなく、教会は、憲法修正第一条に定められた自由な宗教儀礼の権利に対する侵害であるとして抗議した。しかし、フロリダ州南部地区裁判所での裁判において、裁判所は市の有力者の見解に同意して、この「儀礼的な犠牲に関する絶対的な禁止」に関する宗教的な例外の根拠は存在しない、と判示した。動物愛護協会が論じているように、ヒアリー市は、宗教的犠牲だけを禁じたのではなく、「動物の犠牲をすべて禁じている」のである。」Jonathan Sheehan, "Sacrifice Before the Secular," *Representations* 105, no. 1 (Winter 2009): 12-36, at 12.

の場合の犠牲者に対する態度には明らかな違いがある。「国家のための犠牲」の場合には、犠牲者は、自らあるいはその家族が、国家のために死と痛みに苦しんでいるがゆえに、高貴なものとされている。これに対して、動物の犠牲の場合には、「より高度な生命形態」としての国民を再生産するために、「より低級な生命形態」として犠牲が作り出され、消費されているのである。こうした残酷さに関わる不平等をリベラルがうまく処理することは困難であるように思える。

Ⅶ

では、平等を概念化する、より公平な方法はないのであろうか。ユルゲン・ハーバーマスによれば、宗教的言説を公的領域における世俗の言説に翻訳する可能性として平等が構成されているのであれば、その答えは端的にイエスである。

ハーバーマスの有名な議論によれば、リベラルな政治においては、平等をより包摂的にするような形で宗教的言説を翻訳することによって、平等を宗教的市民に対しても拡張すべきである。彼の提案は、宗教的な自由を政治の外部にある私的領域に限定せず、宗教的言説を公的領域に包摂することによって、政治における道徳的な関与を喚起し強化することにある。世俗的言語が支配的である公的領域において、信仰者たちが自分たちの宗教的言語を用いることが正統である場合、彼らの発言が普遍的に理解可能な言語に翻訳可能であり、それゆえ非信仰者にもアクセス可能である限りにおいて、彼らは平等のリベラルな原則を実践していることになる。(50)（特殊で曖昧な）宗教的言語から（普遍的で明確な）世俗の言語への翻訳というハーバーマスの提案は、宗教世俗的な（religiosecular）多元主義の新たな議論によって、リベララル政治を強化しようとするものである。実はこうした考え方は、初期近代のプロテスタントに遡るものであるが、しかし、今日では、普遍主義の一種としてのコスモポリタニズムの特徴であるとされている偏見のない態度によって、その宗教的な情熱とドグマティズムが〔望むらくは〕拭い去られている。ハーバーマスと彼の支持者たちは、この理論的な提案を「ポスト世俗主義」と呼んでいる。しかし、それは依然として、政治的なものの領域を拡大するための世俗的な方法を発見しようとする試みの一部であることは、ほぼ間違いない。

例えば、ハーバーマスは、市民には信仰者として世俗の言語で語る権利がある、という世俗国家の認識に寛容が反映されていると考えたがっているけれども、その権利が行使できるのは、政策を決定する議会に対抗する世論が表明される、非公式の公的領域に限定されている。ハーバーマスは、宗教的な信念に基づいて提示される理由付けは、すべての人にアクセス可能なものでなくてはならず、とりわけ宗教的言説が理解し難いと感じている市民がアクセス可能なものでなければならないと規定している。

哲学者メイブ・クックは、ハーバーマスに同意して次のように述べている。「政治的権威のいかなる

(49) 例えば、Michael Walzer, *Just and Unjust Wars: A Moral Argument with Historical Illustrations* (New York: Basic Books, 1977)〔荻原能久監訳、『正しい戦争と不正な戦争』風行社、二〇〇八年〕を参照。

(50)「リベラルな憲法秩序を持つ多元主義的な社会における寛容のあり方は、信仰を持つものが、信仰を持たないものあるいは別の信仰を持つものと接するにあたって、見解の相違を覚悟して、それとともに生きていくのが理性的であるとする洞察を要求する。他方で、リベラルな政治文化の枠組みでは、信仰を持たぬものにも、信仰を持つものと接するにあたって同じ洞察が必要となるのだ。」Habermas and Ratzinger, *Dialectics of Secularization*, 50.〔邦訳二二一－二二三頁〕

民主的な形態も、自由と平等に対する自由民主主義的なコミットメントを守るようにしなければならない。」しかし、彼女は、宗教的言語から世俗の言語への翻訳がその答えになるとは考えていない。彼女の考えによれば、このコミットメントに不可欠であるのは、彼女が思考と行動の非権威主義的様式と呼ぶものである。その意味では、世俗社会は依然としてクックにとっての重要な目標である。ここで働いているように思えるのは、妥当なコミュニケーションの本質的な前提条件としての解放に対する、リベラルの絶対的なコミットメントである。国民国家の必要性を所与としつつ、クックは次のように主張している。「あらゆる政治的な秩序は一定の排除と制約に基礎をおいている。したがって、リベラルな民主主義における市民の異議申立は、あらゆる排除と制約の削減ではなく、熟議の公的な過程において、決定的な疑問（critical interrogation）に抵抗し得ないようなものだけに向けられる。[51]」この議論は、一見したところでは理に適っているように見える。しかし、クックの決定的な疑問という考え方は、まったく言葉だけのものであるように思える。そして、もしそう考えるのが正しいとすれば、異議申立に有効に関与する機会は、公的な場面で決定的な疑問を提起する習慣を学ぶだけの余暇と結びつきを欠いている市民には、拒絶されることになるだろう。また、それは、より重要なものをもう一つ排除することになる。それは、行動する身体である。身体はそれ自身の言語を持っているだけでなく、他者が行動しなくてはならない条件を作り出すために必要である。このことは、戦争の領域における行動に適用されるだけでなく、国家の不正義に対する非暴力的な抗議、例えば、市民の身体を用いて権威主義に抵抗する場合にも適用される。この点が、クックの基準では排除されてしまう。市民が、教育され、統合され、その結果として、決定的な疑問の過程に参加することができるとしても、である。そして、それは、単に排除されるだけでなく、極めて容易に国家による「正統な」抑圧にもなり得る。国家が、それを、「暴力への扇動」として記述することは相対的には容易である。（実際、近代国家の正統な暴力の独占は、暴力的であれ非暴力的であれ、超法規的な反対の有効性を疑問視させる。暴力的な形態であれ非暴力的な形態であれ、政治的秩序の根源的な批判が有効になるのは、その秩序が自らを守ることができないほど弱い場合だけである。）

現実の政治に参加しているすべての人が知っているように、「合理的な討論」と「平等な尊重」の主張は、政治的権力の重要な戦術である。特定の問題にとって時間は本質的であるから、理に適った討論の主張は、特定の解決を迂回するための一つの方法である。だから、チャールズ・ラーモアは、次のように書いている。

（例えば、政治組織の原則として、どのようなものを採用すべきかという問題のような）問題をいかにして解くかを議論するとき、人びとは中立的な立場、すなわち共有されている信念に後退することで、対立する点に応答すべきである。その目的は、（a）この共通の立場から前進する議論によって、対立を解消し、議論になっている立場の一つを支持すること、または、（b）対立を迂回して、この共通の立場だけを基礎として問題の解決を探ることである。……もしその人びとが与えられた問題をなおも解決したいと考えているのであれば、そして、彼らが合理的な議論によってその問題を解決することを支持しているのであれば、彼らにできることは、彼らが共有している信念の基礎の上に解決を見出すことだけである。(52)

(51) Maeve Cooke, "A Secular State for a Postsecular Society? Postmetaphysical Political Theory and the Place of Religion," *Constellations* 14, no. 2 (2007): 234-35.

この議論と、ハーバーマスのポスト世俗主義の議論との類似点は明らかであろう。それはまた、ジョン・ロールズの「政治的リベラリズム」の観念にも類似している(53)。ともあれ、その基礎にある考えとは、「所与の問題」を容易に同定し意識化することが常に可能であり、対立のどちらの立場に立っているとしても、自律的な個人は、その問題と解決策を同じようなやり方で考えるということである。

実際、ハーバーマスにとって「宗教」は、世俗化の過程で翻訳されるだけではない。「宗教」は、(感情的および知的に)定義されて初めて、宗教として認識され得る。そして、その後で、二つに分割される。一つは、世俗国家を規定している、キリスト教に由来する言語と実践(宗教1)であり、もう一つは、世俗社会に住み、自らの宗教性を再定義しているリベラルな信仰者の言語と実践(宗教2)であり、世俗的なものと同等ではないにしても、完全に両立可能なものである。前者が後者に変わっていく過程は、複雑である。リベラルな宗教は、リベラル以前の宗教と同じではない。なぜなら、新たな感性と態度を発展させるに際して、世俗の国家と世俗の理性の前提のいくつかを認めたからである。したがって、ハーバーマスの説明において、翻訳は、宗教的市民と非宗教的市民を平等に扱う一つの方法として言及されているだけでなく、近代国家における宗教の適切な機能を真に引き継いでいると世俗的なものが主張する手段でもあるのである。ハーバーマスの政治的世界には、リベラル以前の宗教の存在する場所はない。

とはいえ、ハーバーマスが言うには、世俗化の過程では、得られるものもあれば、失われるものもある。失われたものは、信仰を持たない市民にそのように感じられるのだが、その元の形式を復元することは不可能である。ハーバーマスは、世俗主義の成果は守らなければならないが、宗教(宗教2)として生き残っているものによってのみ世俗的国家に提供し得る道徳的資源が存在すると考えている。自分自身とその権力の維持を主要な関心とする近代国家が、道徳的勧告に応答し得るかどうかは、そして、応答するとすればいかなる言語で応答するかは、ハーバーマスが論じていない問題である。

ハーバーマスのいう宗教の「賦活力（inspiring power）」は、世俗の政治システムに必要であると同時に、普遍的な――すなわち世俗的な――言語によって、信仰を持たない人々にもアクセス可能であると考えられている。「すでにほとんど忘れ去られたもの、しかしその欠如が潜在的に惜しまれているもののために、それを救い出す表現が得られさえすれば、これまで宗教言語の中にしか十分に繊細な表現を持ちえなかった道徳的感性が広く共感を誘うことができるのです。……世俗化は以前のものを滅ぼすのではなく、翻訳という形を取りながら進んでいくのです。それこそが、世界の中に世俗化をもたらす力としての西洋が自らの歴史から学び得ることなのです[54]。」

しかし、まだ答えられていない問題が残っている。宗教的な「啓示（inspiration）」は、聖なる意図に

（52）Charles Larmore, "Political Liberalism," *Political Theory* 18, no. 3 (1990): 347–48.

（53）ロールズによれば、もっとも首尾一貫したリベラリズムのモデル（「原初状態」）は、二つの平等原則を前提としている。（1）すべての人が平等な基本的権利と自由――特に政治的自由――を持つこと、（2）社会における公式の不平等を規定している公的な地位の相違は、社会のもっとも恵まれない立場にある構成員の利益にならなければならないこと。第一原則は、古典的リベラリズム以来おなじみのものであるけれども、このような形で平等の形而上学と第二原理に関わるものであり、理念としての機会の平等に関係している。第二の原則における配分的な要素は、他のリベラルからの多くの批判を生み出した。ロールズに対する批判の中でもっとも重要なものは、彼のリベラリズムの概念は、単一の争う余地のない善き生の構想――人間がどのようであるべきかに関する単一の理論――がある場合にのみ意味を持つというものであろう。John Rawls, *Political Liberalism* (New York: Columbia University Press, 1993).

由来するのだろうか、それとも宗教的な物語の新しい（世俗的な）目的のための人間による理由付けに由来するのであろうか。もっと直接的にいえば、宗教的「啓示」は信仰者に対するのと同じ働きを、非信仰者に対しても持つのであろうか。ハーバーマスは、次のように応答するかもしれない。政治の領域においてのみ、そうであると。しかし、信仰者は、彼らの生活における絶対的な優先性を政治に与えようとはしないかもしれない。そして、宗教的言説が、本質的には世俗の政治的利益の手段であるということを認めようとはしないかもしれない。こうした懸念は否定されるべきなのだろうか。

二〇世紀中葉に、T・S・エリオットが、「啓示」観念の宗教的意味と世俗的意味の両方を包含する定式化を試みたことがある。「「啓示」という言葉が何らかの意味を持つべきものとするならば、その意味はただ次のようなものでなければならない。つまり、話者あるいは筆者は自分が完全には理解していないこと、あるいは啓示が去った後には彼が誤って解釈するおそれさえある事柄を語っているのだということである。これは確かに詩的啓示については真実である。……詩人は……その詩が他人にとってどのような意味を持つに至るかを知る必要はない。それと同様に、預言者はその預言的発話の意味を理解する必要はないのである。[55]」エリオットの注記は、興味深いことに、啓示的省察の決定的な起源は何か（主体の「外部」か「内部」か）という問いから、それがいかにして主体を突き動かすのか、という問題へと移行しようとしている。彼の示すところでは、預言者（「宗教的」人物）と詩人（「世俗的」人物）は、あるものを共有している。それは、真実ではあるけれどもその意味を完全には理解できないものに直面している、という感覚である。啓示の翻訳は（まったく不可能ではないにしても）容易ではない。それはまさに、その言語が多義的であり、不確定であり、不透明であるからであり、また、その限りにおいてである。考えたり行動したりする特定の方法を解放したり固定したりすることによって、例えば、自らの無力さを解消するように応答したり、逆にその無力さを深めたりすることによって、言語が主体に対して正確に何を行っているかは、言語の使用者や聴取者の管理下にあるわけではない。ハーバーマスの翻訳に関する考え方は、あたかも「抽象的な」認知過程において必要とされるような、ある語を別の語と置き換える(あるいは回りくどくいいかえる)ことであるように思える。詩的な言語や預言者の言語に表現される感性的な関わりの要求は、排除されるのである。

ここには、反逆者、預言者、詩人——そしてまた小説家や脚本家の一部——が共有している何かが存在している。それは、不可能な回帰を訴えるためではなく、現在を挑発し、異議を申し立てるための過去の呼出である。例えば、一九八七年のインタビューにおいて、名テレビ俳優のデニス・ポッターは、作中でノスタルジアをもって演じられた部分について尋ねられて、次のように答えている。

> 私が、直近の過去を用いたのは、現在に割り込むためです。私が取り組んだのは、そこ、つまり過去にあったものではなく、われわれの近くで現実に並走しているものなのです。そうすることで、過去にとらえ損なったものとその意味、その正しい理解を、より明確にとらえることができます。四〇

---

(54) Jürgen Habermas, "Faith and Knowledge," in *The Frankfurt School on Religion: Key Writings by Major Thinkers*, ed. Eduardo Mendieta, 327-38 (New York: Routledge, 2005), 335-36〔大貫敦子他訳、『引き裂かれた西洋』法政大学出版局、二〇〇九年、二七九頁〕. 強調は追加した。

(55) T. S. Eliot, "Virgil and the Christian World" [1951], in *On Poetry and Poets* (New York: Farrar, Straus and Cudahy, 1957), 137.〔川田周雄訳、「ヴェルギリウスとキリスト教世界」『エリオット全集4　詩人論』中央公論社、一九七一年、七二〇頁〕

年代と戦時期、終戦直後を使って、また『ペニーズ・フロム・ヘブン』の場合には三〇年代中葉を使うことで、道徳的で教訓的なものとは違う形で、政治的なものや社会的なものを引き出そうとしたのです。現在がどのようなものであるかを示すために、過去の時代をそのまま描いたのです。だから、それはノスタルジアとは反対のものです。ノスタルジアは、もはや過ぎ去ったあの日々やその他諸々に戻れば安全だと告げることで、あなたの目から涙を絞り出すものです。涙が流れるのは、過去はもう元に戻らないからなのです。しかし、私が言いたいのは、過去は戻ってくるし、あそこやここに過去はある、ということなのです。[56]

ポッターの時間理解は、過去とは、過ぎ去ったものであり、終わってしまえば、公正な知識の対象になったり情緒的な記憶の対象になったりするだけであると考える、おなじみの線形的な理解とは確かに異なっている。彼によれば、過去は、今まさにテレビの上で現前しているのだから、現在と共存しており、彼自身の、あるいは視聴者の多くの現在の感性を利用し、再生産している。過去は、現在の観点からする批判の正当な対象であり、それは、現在が過去の観点からする批判の対象であるのとまったく同じである。ポッターのテレビドラマにおいて作用しているのは、移動する現在という線によって分割され、「伝統的なもの」(過去)と「進歩的なもの」(未来)にきれいに分割し得るという時間概念の否定である。

(精神分析という世俗の学問でさえ認識しているように)不確定性、曖昧さ、過去の喚起、ある人が生き、感じ、考える方法の大きな転換なしには理解することのできない言説の存在、これらだけが、ハーバーマスが無視している言語の特徴なのではない。例えば、彼が同定する不平等は、世俗の言語と宗教の言語の間だけにあるものではない。宗教的言語に対する彼のアプローチは同一ではない。そのうちの一つ（いわゆるユダヤ－キリスト教的言語）だけが近代的認識、普遍的な道徳、そして真にコスモポリタンな秩序に必要な抽象の質を発展させることができたと考えられている。それとは対照的に、（単一の歴史的主体としてとらえられた）イスラムは、近代世界の啓示の源泉にはなり得ない。なぜなら、ハーバーマスは、それを近代に適合することができなかった宗教的伝統の典型例と見なしており、九月一一日のテロ攻撃は、その例証なのである。もちろん、彼が近代性という言葉で言わんとしているものは、飼い慣らされた資本主義（マルクスがはるか以前に『資本論』で指摘したように、そこでの平等の主要な進行役は依然として貨幣である）、近代科学技術、そしていうまでもなくリベラル国家によって支配された世俗世界である[57]。

ハーバーマスは、ユダヤ－キリスト教の言語以外で、近代世界に必要な抽象の水準を達成することができた唯一の宗教的言語として、仏教を挙げている。しかし、その致命的な欠陥は、仏教の抽象化は、あまりにも極端に行き過ぎたために、現世的な指示対象をまったく持たなくなっている点である。これ

---

(56) Dennis Potter, *Seeing the Blossom: Two Interviews, a Lecture and a Story* (London: Faber and Faber), 67.

(57) 二〇〇一年九月一一日は、多くの人々にとって、特定の宗教的な伝統（イスラム）が近代性に参加し得ないことを示す、グローバルな暴力の新たな形態の始まりの合図として考えられた。しかし、新しい時代――迫り来る生命の破滅の時代、それもおそらくあらゆる生命の破滅の時代――を実際に開始した広島や長崎の爆撃に関する相対的な沈黙が、われわれの近代性の概念に関してどのような意味を持ったか、疑問に思わないわけにはいかない。John Dower, *The Violent American Century: War and Terror Since World War II* (Chicago: Haymarket Books, 2017)〔田中利幸訳、『アメリカ　暴力の世紀――第二次大戦以降の戦争とテロ』岩波書店、二〇一七年〕を参照。

に対して、西洋では、近代生活の価値ある側面のすべては、「ユダヤ的な正義の倫理やキリスト教的な愛の倫理の直接の遺産」である。[58]二つの異なる宗教的伝統のハーバーマスによる総合とは、倫理と法に関する複雑な神学的な歴史を二つの相互に両立可能な「価値」である正義と愛に還元することである。ユダヤ教は、――自分自身を定義する権利を含めて――それ自体で伝統とみなされているわけではなく、より高度な真理（キリスト教）によって乗り越えられ、そして、それがさらに高度な真理（世俗主義）によって乗り越えられていく真理の歴史的段階の一つと見なされている。ユダヤ教をキリスト教の未発達な前触れと見なすハーバーマスにとって、西洋で長らく行われてきた、パウロによるキリスト者の「自由」の肯定とユダヤの「律法」の否定への訴えを論じる必要はない。[59]彼は、パウロのいう魂と肉体の分離の持つ意味について考える必要はない。それは、ユダヤ教にとって（あるいはイスラムにとっても）、ほぼ間違いなく、中心的なものではないからである。

ハーバーマスの世俗化の概念の基礎には、われわれのこの世界での生き方としての言語ではなく、中立的な記述と議論の体系としての言語という観念があるように思える。しかし、言語を用いて何をするかということだけではなく、言語がわれわれに何をなすのかという面にも注意が必要である。[60]このように考えてみると、世俗の政治的言語は中立的であり得るという主張は、異議中立を中立化しようとする試みに過ぎないのかもしれない。つまり、政治的言語は、合理化とさほど変わりのない、理性の独特の運び手であるという主張である。もし言語がわれわれのこの世界での生き方の一部であるとすれば、異質な言語はわれわれの政治に対する啓示の源泉になり得るだけではない。なじみのない言語は、特定の生のあり方の具現化である。その曖昧さ――言語的な翻訳のしにくさ――は、その言語の貧しさや非合理性の証拠であり、それゆえ信用に値しないと考えるのではなく、聴取者や読者が、他の生の形態について想像し、それを生きることによって、われわれの言語の限界について考える機会であると考える時に、われわれの言語と同等になるということができるかもしれない。ヴァルター・ベンヤミンは、後に有名になった一節の中で、次のように述べている。

わが国の翻訳は、その最良のものですら、誤った原則から出発している。それは、ヒンドゥー語、ギリシャ語、英語をドイツ語に翻訳しようとするのであり、ドイツ語を、ヒンドゥー語、ギリシャ語、英語に翻訳するのではない。翻訳者は、外国語の作品の精神に対してよりも自国語の用語法に対して、はるかに多大な畏敬の念を抱いているのだ。……翻訳者の原理的な誤謬は、自国語が外国語によって

---

(58) Jürgen Habermas, "A Conversation about God and the World," in *Religion and Rationality: Essays on Reason, God, and Modernity*, ed. Eduardo Mendieta (Cambridge, Mass.: Polity Press, 2002), 148-49.

(59) ユダヤ教に対する歴史的なキリスト教の見解は、「聖パウロの「キリスト者の自由」と「律法への服従」との対比」というシーデントップの言及に部分的に反映されている。Siedentop, *Inventing the Individual*, 333.

(60) ヴィトゲンシュタインは、次のように書いている。「私たちは私たちの言語を旧市街と見なすことができる。そこでは、路地や広場が、新しい家や旧い家が、いろんな時期に建て増しされた家が、入り交じっている。そして、その旧市街を取り巻いている新市街には、規則的な直線道路が走り、同じような建物が並んでいる。」Ludwig Wittgenstein, *Philosophical Investigations* (Oxford: Basil Blackwell, 1953), part I, sec. 18.〔丘沢静也訳、『哲学探究』岩波書店、二〇一三年、一八頁〕建物は、異なる様式を持ち、異なる機能を満たしている。あるものは、完成から解体にいたる段階のどこかにあり、あるものは建築家の意図を反映し、あるものはしばしば無意識のうちに、そうした意図を形作っている。これが、ある言語から他の言語への翻訳が、通約不可能性にしばしば遭遇する理由である。同じ言語の中で韻文を散文に変換する時でさえ、原文を損なう結果になるかもしれない。体系としての言語という観念は抽象である。それは、ある目的のためには役立つが、たいていの場合、誤解を招く。

強く影響されることを認めず、自国語の偶然的な状況をあくまで保持しようとするところにある。……彼は、自国語を外国語によって拡大し、深めなければならない。[61]
言語の翻訳は、われわれがもっともよく知っている言語の中から語義の同じものを見つけること以上のものなのである。

VIII

宗教的言語から世俗の言語への翻訳というハーバーマスの考えは、宗教に関与している市民を、平等で自己支配的な行為主体として公的領域に導入する一つの方法である。リベラルにとって、行為主体の問題は、平等の問題に先行していると主張される。しかし、ハーバーマスの議論に欠けているのは、世俗主義（と宗教の適切な位置についての理解）において中心的な概念である、行為の公的領域／私的領域という区分が、近代の構築物であるということであり、それが女性に対して不利に働くという点である。

ジョアン・スコットは、公的：私的というペアは、その様々な複製形態（男性：女性、政治：宗教、普遍的：特殊的）を通じて、ジェンダーの不平等に関わるものであったが、厳密にいえば、宗教的な権力を女性に強制するものではなかったという歴史的事実を明らかにしている。彼女は、次のように書いている。「むしろ、女性の宗教性は、政治を構成する合理的な探求を破壊し、掘り崩す危険のある力と見なされていた。女性のセクシュアリティと同様、それは過剰で、越境的で、危険なものであった。女性のセクシュアリティの危険性は、宗教的な現象としてとらえられるのではなく、自然的な現象としてとらえられた。[62]」スコットの指摘によれば、宗教に基づくジェンダーの不平等という観念を最初に導入したのは世俗主義である。

男性は、個人であり、自らの財産を所有することができ、契約を締結することができた。そこには、政治社会を創設する条項、つまり、社会契約も含まれていた。そして、男性は、物理的社会的な現実から抽象され得た。それが、抽象的な個人であったのである。これに対して女性は、身体を再生産へと捧げた結果、依存的であるとされた。彼女たちには自己所有権は認められておらず、それゆえ個人ではなかった。そして、その性別から抽象化された女性など存在しなかった。[63]

スコットは、世俗主義が今日でも、ジェンダーの不平等を「自然な」基礎のもとで正当化し続けていることを強調している。

ジェンダーの不平等に関する彼女の鋭利な分析は、世俗のヨーロッパ社会で若いムスリム女性が着用する、いわゆるヘッドスカーフの問題に焦点を当てている。その議論が強調しているのは、「ヴェール」が女性の服従の象徴であるとして、公的な場での使用や、学校や政府関係の領域での使用を禁じようとする人々の矛盾である。この問題についての評釈としては珍しく、スコットは、平等と行為主体に関す

(61) Walter Benjamin, "The Task of the Translator," in *Illuminations*, ed. Hannah Arendt, 69-82 (New York: Schocken Books, 1969), 80-81.〔邦訳四〇八 - 四〇九頁〕
(62) Scott, "Secularism and Gender Equality," 28.
(63) Scott, 28.

る、より大きな心理学的な問題に注意を払っている。その上で、敬虔な若い女性が、自ら望むものを着用する権利を擁護している。

一〇年前に出版されたある論考で、私はフランスにおける「イスラムのスカーフ問題（*affaire du foulard islamique*）」のおそらくもっとも興味深い側面は、次のようなものであると論じた。それは、ヘッドスカーフを着用する権利を擁護する人々と、（スタジ委員会勧告と同様）公的な領域でのその着用を禁じる新法を支持する人々が、ともに記号としてヘッドスカーフにアプローチしたことである。[64]つまり、前者の場合にはアイデンティティを確認したいという欲求の記号として、後者の場合には宗教によって抑圧される意志の記号として捉えたのである。[65]そこでは、記号としてのヘッドスカーフの意味は、それが「これ見よがしにしようという意志（*volonté d'apparaître*）」という動機を体現しているという事実から導き出された。[66]記号である以上、その「本当の意味」を解読し、解釈し、言語に翻訳しなくてはならない。それは、不平等の記号として理解されたのであり、ムスリム女性の生活や指向の一部、その生き方の一部として理解されたのではなかった。

生徒の欲望に対する委員会の関心は、二つの欲望を区別することによって示された。ヘッドスカーフを本当は着用したくないという欲望と、本当に着用したいという欲望である。伝統的な両親やコミュニティの圧力に対する言及はあり、その趣旨の証言が、委員会に対してなされたに違いないと想定はされているけれども、こうした（自己支配的な行為主体の意思を示す）「本物の欲望」が、実際のところどのように解読されたかは、それほど明確なわけではない。[67]しかし、生徒の「真の」欲望に対する配慮は、ヘッドスカーフを着用している少女に対してだけ適用され、それを着用していない少女の「真の」欲望を決定することは、考えられもしなかった。ヘッドスカーフを着けたいと思っていたけれども、非ムスリムのフランス人の両親や街ですれちがう人々が考えたり言ったりすることが理由で、そうすることができなかった少女がその中にいたかもしれない。あるいは、無意識のうちに「今風に」したいと思っていただけかもしれない。委員会にとっては、外見だけで十分であった。公的な場でヘッドスカーフを着用しないことは、それを着用したいという欲望を持っていないことを意味しているのである。「欲望」——行為主体の根源——は、明確な形で発見されるのではなく、意味論的に構築されるのである。

スコットは、フェミニズム研究者、特に、一八世紀のイギリスにおけるメソディズム運動への女性の参加に関するフィリス・マックの優れた研究と、現代のカイロにおける女性と信仰活動についてのサバ・マームードの研究を利用しつつ、宗教的な生活を送ろうとする時、女性は必ずしも主体的行為能力を奪われてはいなかった、ということを示している。

自らの意志を実行する活動的な自己は、完全な平等の前提条件の一つであると見なされているので、平等の問題は、主体的行為能力の問題と結びつけられてきた[68]。中世キリスト教の修道院生活の諸側面を

---

(64) *Rapport au Président de la République: Commission de réflexion sur l'application du principe de laïcité dans la République*, Remis le 11 décembre 2003,(http://www.ladocumentationfrancaise.fr). この報告は、*Laïcité et République, Commission présidée par BERNARD STASI*(Paris: La Documentation française, 2004)として、書籍の形でも出版されている。

(65) Talal Asad, "Trying to Understand French Secularism," in *Political Theologies: Public Religions in a Post-Secular World*, ed. Hent de Vries, 494-526(New York: Fordham University Press, 2006).

(66) Ghislaine Hudson と若者たちとの集団インタビューが、"Laïcité: Une loi nécessaire ou dangereuse?" *Le Monde*, December 11, 2003 として公表されている。

(67) *Laïcité et République*, 102-3 を参照。

跡づける数十年前の私の仕事は、この後者の問題に導かれていた。修道院の規律の驚くべき特徴（次の章では規律という徳に関するイスラムの構想に向かうことになるのだが）は、共同生活のプログラムを通して、服従する意志を作り出すことを明示的な目標としていたという点にある。自らの意志で服従することを修得したキリスト教の修道士は、恐怖から他者の意志に従っているのではない。伝統的な規範は、適切な意志／欲望を作り直そうとするのである。服従が彼自身の有する徳である限りにおいて、彼は「自らの意志を失った」ものと見なされるべきではない。彼は、キリスト教的な生の欲望、つまり、自律的な行為主体という観念を脇に置くことを求める欲望を達成する能力、という意味での徳を獲得しているのである。

ジェンダーの不平等（報酬、就職率、上位職へのアクセスなどの差異）を正当化する科学的な理由が存在しないことははっきりしている。しかし、これまで示してきた例に見られるように、宗教的な言説を世俗的な言説に翻訳しようとするハーバーマス主義者の提案は、不正義を告発するためにも不必要である（女性を抑圧する世俗の議論はよく知られている）し、行為主体——国家の中で平等な存在として扱われる権利を行使することができる、真正で本質的に自由な意志を持った自己——の問題の理解のためにも適切ではない。それはまた、本質的な自己と、政治におけるその現れという区別を強化するものでもある。

（68） 以下のパラグラフは、Talal Asad, *Genealogies of Religion: Discipline and Reasons of Power in Christianity and Islam* (Baltimore: Johns Hopkins University Press, 2009), 125〔中村圭志訳、『宗教の系譜——キリスト教とイスラムにおける権力の根拠と訓練』岩波書店、二〇〇四年、一四三頁〕から抽出されたものである。

第二章　翻訳と感覚ある身体

I

『メッセージを翻訳する』と題された著作の中で、キリスト教神学者のラミン・ザネーは、次のように書いている。「西洋の外部にある社会の土着言語に対する宣教者の関心が、自身が愛着をもった文化に、非常に深い形で接近しようとするところにあったことは明らかであろう。こうした文化のほとんどで、言語は、本質的で明確な文化の表現であり、この二者はあまりにも密接なので、言語は文化と同等であるとさえ言い得る。つまり、言語の中に満ち、そこに体現されているのは文化なのである。[1]」ザネーは、

（1） Lamin Sanneh, *Translating the Message: The Missionary Impact on Culture* (Maryknoll, N.Y.: Orbis, 1989), 3. ホミ・バーバが「福音主義的植民地主義 evangelical colonialism」と呼んだ、よく知られた説明（Homi Bhabha, *The Location of Culture* [London: Routledge, 1994], 34〔本橋哲也他訳、『文化の場所——ポストコロニアリズムの位相』法政大学出版局、二〇一二年、五九頁〕）は、ザネーが擁護しようとしている類の議論に反対するものである。

さらに次のように言う。キリスト教のメッセージを非キリスト教の文化に翻訳するために土着の基準を用いる際、宣教師たちは、本質的なメッセージが理解され、自由に選択されるように、元々の伝達手段を放棄して別のものに置き換えている。メッセージは、取り外し可能であるがゆえに、いかなる媒体の中でも、そして、いかなる媒体によっても伝達し得る。そして、そのことは、メッセージを受容して花開かせる土着の言語と文化の存在を許容する。ザネーによれば、この立場は、彼がイスラムに特徴的だと考えるものと対照的である。「キリスト教徒にとって、宣教は優れて翻訳を意味するようになった。これに対して、ムスリムの宣教では、その儀礼の義務での聖典の翻訳不可能性を、一貫して擁護していた。(2)」ザネーは、祈祷の形態と意味は、異なる言語に翻訳されたとしても、同一であり続けると考えている。これに対して、イスラムの祈祷の言語はアラビア語から翻訳することができないので、イスラムが遭遇した土着語は格の低いものとされた。その結果、キリスト教に特徴的な文化的多元主義（やキリスト教が近代へと伝えた諸価値）は、ムスリムには不可能ではないにしても困難になっている。

ザネーは儀礼の翻訳不可能性について語っているが、その議論の射程はもっと広い。ムスリムに聖性を与えているのはアラビア語それ自体ではなく、クルアーンの発声、とりわけ儀礼的な祈祷における発声である。(3)アラビア語で日常生活が営まれているところでは、その言語が特別であるという感覚はないし、さらに言えば、儀礼におけるアラビア語の使用の強制が、「文化的多元主義」を排除することもない。

文化的多元主義を、ムスリムと非ムスリムが、毎日の交渉の手段としてアラビア語を使いながら（あるいは、アラビア語を使わないムスリムが、儀式においてはアラビア語を使用しながら）、別々の生活を送ることができるという意味で理解するとすれば、であるが。ザネーの定式化は、次のように言っているに等しい。ムスリムであれば、真のアフリカ人ではあり得ないが、しかし、アフリカ人であると同時にキリスト教徒ではあり得る。なぜなら、キリスト教の聖典と礼拝はアフリカの言語に翻訳されており、アフリカの文化に定着しているからである。しかし、ここでの検討にとってより重要なのは、聖なるテキストの翻訳に関するその態度によって、イスラムの伝統主義が到達し得なかった近代への道をキリスト教が開いたというザネーの主張にある。一見したところ、ザネーの立場は、ハーバーマスとは対照的な立場、すなわち、ポスト世俗主義は、政治的に支配的な言語によって規定されている翻訳の方向、つまり宗教を世俗へと翻訳するという方向を前提としているという議論とは対照的なものであるように見える。しかし、両者とも、メッセージの意味にとって伝達手段は偶然的なものに過ぎないという点には同意している。

しかし、翻訳不可能性とは何を意味しているのであろうか。私は、前に、詩の翻訳においては、オリジナルの持つ価値の中から比較して選択することが必然であるという趣旨のヤコブソンの認識を引用し、それへの応答として、「詩とは何か」という問いを立てた。そして、「詩」とは、言語がある尺度において、そして、ある側面において、翻訳不可能であることの不可避性であるという主張をしておいた。それを前提とすると、クルアーンが翻訳不可能であるということは、どのように理解できるだろうか。

（2）Sanneh, *Translating the Message*, 8.

（3）私は、しばしば用いられる術語である「聖なるもの（sacred）」という言葉について、批判的に検討したことがある。Talal Asad, *Formations of the Secular: Christianity, Islam, Modernity* (Stanford, Calif.: Stanford University Press, 2003), 30-37〔中村圭志訳、『世俗の形成——キリスト教、イスラム、近代』みすず書房、二〇〇六年、三七‐四三頁〕を参照。私がそこで言いたかったのは、「聖なるもの」という概念がいかなる文脈においても無意味であるということではなく、説明のための用語にはならないということである。

ここでまず考えておきたいのは、イスラムの教義の翻訳不可能性は、聖典（*al-kitāb*）を単なる古写本（単数形 *mushaf*、複数形 *masāhif*）にしてしまうような行動、つまり、クルアーンを、現世において、現世のことに関わるだけの記号の体系に過ぎないものに世俗化してしまうことに対する警告であるかもしれないという点である。歴史の問題としていえば、クルアーンはアラビア語と同時に、アラビア語以外の言語でも読まれ、注釈され、説明されることもあった。イスラムには、クルアーンの解釈の豊かな伝統がある。イスラムの言説は、民衆アラビア語を含む土着語という媒体を通してまさに現実化したのである。もちろん、それはもはやクルアーンではないのだが。一九六〇年代のスーダンにいた頃の毎週のラジオ番組を思い出すと、そこでは、ハルツーム大学のアラビア語の教授であるアブドラ・アル＝タイブが、クルアーンの詩句をスーダンの方言で説明し、解説していた。信仰ある人々のほとんどにとって、儀式の実践でのクルアーンの詠唱は、原語のアラビア語で行うべきものである。アブドラ・アル＝タイブのラジオでの講話も、それ以外のことを提案しているわけではない。私もスーダンにおいて、原語のアラビア語以外で儀礼的な詠唱が行われた例を知らない。もっとも、世俗的な理由から、近代トルコ語で祈祷することを奨励したケマリストの試みについては、様々な記録がある(4)。

一九九八年にパリで行われた宗教とメディアに関する会議でのジャック・デリダの報告に引き続く討論で、私は、クルアーンの翻訳不可能性を「原理的なもの」とする考えに疑問を投げかけた。それに対するデリダの回答は、私の質問の要点を興味深い形で誤解したものであるように思える。

あなたがおっしゃっていることが原理的なのです。それは、本質的にあらゆる原理主義に結びついています。とりわけ、イスラムの領域では。翻訳不可能な文字、つまり、クルアーンの文字に対する愛着が、これほど確固たるものであるところは、他にありません。確かに、ある種の宗教的な言い回しは、どこにでも存在しますし、キリスト教にもそれはあります。フランスの「カトリック」原理主義が、祈祷の儀礼におけるラテン語の使用を守ることをもって自らの特徴であるとした時代もありました。しかし、私が見るところ、言語の固定的な逐語性、原初のメッセージの表現形式が、それ自体を聖化するという形をとるのは、ムスリムの宗教以外にはありません。(5)

この回答は、「固定的な逐語性」が「ムスリムの宗教」の本質であるといっているように思える。デリダが見過ごしているものは、イスラムの伝統が学問的な知識（*fiqh*）のために行った、「文字通りのテキスト（*nass*）」（あるいは「正確で明快なテキスト（*muhkam*）」）と「曖昧で比喩的なテキスト（*mutashābiha*）」との区別と、クルアーンの言葉の理解に際して解釈が必要となる状況の重要性である。この区別は、もう一つの重要な区別と部分的に重なり合っている。つまり、（*tafsīr* と呼ばれる解釈過程によって導かれる）「公開の意味」と、（*ta'wīl* と呼ばれる説明の過程から引き出される）釈義的意味の区別である。(6)

（4） Brett Wilson, *Translating the Qur'an in an Age of Nationalism: Print Culture and Modern Islam in Turkey* (London: Oxford University Press, Institute of Ismaili Studies, 2014) を参照。

（5） Jacques Derrida, "Above All, No Journalists!" in *Religion and Media*, ed. Hent de Vries and Samuel Weber, 56–93 (Stanford, Calif.: Stanford University Press, 2001), 88.

（6） もちろん、特別な説明を要する章句を特定したり、聖なるテキストにおける「明らかな」意味を「隠された」意味から区別したりする基準に関する、重大な——イスラムの伝統内部でも意見が一致しない——疑問はある。

ムスリムがクルアーンの翻訳を嫌う理由として、ほとんどのイスラムの神学者が強調するのは、模倣不可能性（inimitability）の教義である。とはいえ、クルアーンは——一六世紀以来、約七〇カ国語に——翻訳されてきた。もっとも、厳密にいえば、それらは聖句の「翻訳」ではなく、その意味の解釈と見なされている。[7] 私の提案は、クルアーンの模倣不可能性の教義を否定するものでも、正当化するものでもない。それは、「いかにわれわれはクルアーンの翻訳不可能性を説明することができるか」という問いから始めるのではなく、信者が行っている、創造主に対する畏敬の念に満ちた態度の記述から始めるべきである、というものである。その行為は、感情と行為が結合したものであり、公的な可視性と私的な思考が結びついたものである。

その前に、クルアーンに対する特別な態度は、神の言葉の絶対的な権威と、不可避的に誤謬に陥りやすい人間によるその解釈との区別の表現であるという議論を検討しておこう。これは、次の二つの問題の基底にある区別である。すなわち、（1）英語で「イスラム法学」（*fiqh*）として知られているものの中で、原文の権威はどのように考えられているのか、（2）儀礼的崇拝におけるクルアーンの発声は、何をするものと考えられているのか、という問題である。

イスラムの法と倫理に関する価値ある論文の中で、バーバー・ヨハンセンは、ジョセフ・シャハト、クリスチャン・スヌック・フルフローニェといった西洋におけるイスラム法学の近代的な研究の創始者と見なされている人々が、学派間の教義に関する不一致の射程と重要性を極めて過小に評価していたことを指摘し、こうした不一致が、どのようにして人間的誤謬と結びついていたかを論じている。細部に関する不一致は異端と見なされなかったがゆえに、

規範的多元主義(*ikhtilāf*)が可能になるのは、イスラム法学者が、一方でクルアーンのテキストにおいて神によって明らかにされている知識や預言者の行為あるいはコミュニティの合意と、他方で人間が自らの推論によって獲得した知識との間の存在論的な差異を認識しているからである。前者は絶対的な真理を含み、後者は誤謬の可能性のある人間の推論である。後者は前者を解釈しなければならないが、その地位まで到達することは望めない。それゆえ、イスラム法学者たち(*fuqahā*)は、学者による理由づけの帰結はすべて不確かなものであることを認識している。あらゆる人間的行為と推論形式の不確かさの認識は、学問分野としてのイスラム法学の基礎にある。それは、異なる方法と思考の流派(*madhāhib*)をまとめ上げ、様々な学者の組織を妥協させ、学者と教義の凝集性を守る。(8)

したがって、ここで重要なのは、神の言葉の絶対的な権威だけでなく、翻訳/解釈の過程で表現される、人間の不確かさの不可避性である。この見解もまた、アラビア語以外の言語への翻訳が多量にあるにもかかわらず、ほとんどのイスラム実践者がクルアーンの「権威ある」翻訳を認めたがらない態度や、儀

(7) Ismet Binark and Halit Eren, *World Bibliography of Translations of the Meanings of the Holy Qur'an* (Istanbul: IRCICA, 1986) を参照。複数の翻訳の存在は、それに取りかかる動機も複数あることを示している。

(8) Baber Johansen, *Contingency in a Sacred Law: Legal and Ethical Norms in the Muslim Fiqh* (Leiden: Brill, 1999), 65–66.

式の文脈で原語の特別な地位を主張する態度に反映されている。[9]

クルアーンの翻訳不可能性は、それを啓示と見なすべきであることを示している。エリオットが指摘したように、啓示とは詩的な霊感のようなものである。それは、翻訳不可能ではないにしても、翻訳困難である。啓示には、それ自身の用語でしかアプローチできず、それが何であるかを決定することすら容易ではないことがしばしばある。クルアーンが神の言葉と見なされている範囲では、信者の崇敬と感謝の念は、それに接近する際の前提である。このことは、物理的な書物に触れる際の清めのルールや、書き言葉や話し言葉による伝達の際にその言葉が損なわれることのないようにする配慮に現れている。強調しておきたいのは、例えばトルコのムスリムが、クルアーンのトルコ語の翻訳を読んだ場合には、畏れと崇敬の感覚を経験することができない、と言いたいのではないということである。私の提案は、特に礼拝の場でクルアーンが原語で詠唱されることは、(物理的‐感情的‐認知的な)特定の態度であり、その翻訳不可能性は、この感覚にとって固有の、特別な意味を持っているということである。アラビア語という言語が聖なるものなのではなく、超越的で創造的な力と信じられているものが現前する場における、神聖なる価値の宣言が聖なるものなのである。つまり、(クルアーンのテキストではなく)崇拝の行為が非翻訳的なのであり、その完全な意味は(七世紀のアラビア語を現代アラビア語で説明している辞書があるとしても)辞書の中で与え得るものではなく、涵養(cultivation)を必要とするものなのである。日常生活で使われているアラビア語は、ムスリムによって使われるものであれ、キリスト教徒によって使われるものであれ、いかなる意味でも「聖なるもの」と見なされてはいない。

後で戻ってくるつもりのもう一つのポイントは、次の点である。礼拝の場におけるクルアーンの翻訳不可能性は、クルアーンの意味を政治的に管理したり、教会が管理したりすることを難しくしている。

オリジナルが常に現前し、無限の意味の可能性を生成している。[10] 礼拝で用いるためにどこかの国の言語に翻訳されたクルアーンのテキストは、「国民共同体」とそれを代表／表象する国家の権威の優先性から生まれるものであり、同時にそれを強化するものでもある。そこには、世俗的な動機があるとしても一つしかない。翻訳不可能性は、国家権力の野心や資本主義的交換の広がりとは、不安定にしか共存できない。

Ⅲ

言説の理解には、常に抽象化が必要であるという主張は、メッセージは常にその媒体から切り離し得るという特定の言語的イデオロギーに属するものであり、そこでは、詠唱の行為はテキストの完全な現前と同一のものであると考えられる。イギリスの哲学者R・G・コリングウッドは、一〇〇年近く前に、あらゆる発話が、彼の言う「それ自体の感情的負荷（emotional charge）」を持っていることは、おそらく正しいであろうと述べている。にもかかわらず、彼は、（それを認知的に抽象化するために）特定の場合には、感情を「殺す」ことを学び得るだろうと論じる。彼の見解によれば、それは「近代ヨーロッパ文

（9） Travis Zadeh, *The Vernacular Qur'an: Translation and the Rise of Persian Exegesis* (Oxford: Oxford University Press, 2012) 参照。

（10）「言って聞かせてやるがよい。「仮に大海が、主の御言葉（を書き写す）ための墨汁であっても、主の御言葉が尽きるより先に海の方が涸れてしまうであろう、たとえわれわれがそっくり同じものをも一つ作って補充したとしても」と。」 *Qur'an* 18: 109.〔井筒俊彦訳、『コーラン（中）』岩波文庫、二〇〇九年、一五一頁〕

明と呼ばれるものの中にいる成熟した人間や「教育ある」人々に特に典型的な習慣」であった[11]。コリングウッドが、「感情（emotion）」という日常的な英単語を用いているのは、この語が、熱さや冷たさを感じることから、怒りや妬みを経験すること、人や物を欲すること、「無感情に」話すことなどに至る範囲の様相をカバーしているからである。それが有用なのは、「感情」は感覚的な身体から生じるだけでなく、人間を含むあらゆる動物が持っている「前意識」的な状態からも生じることをわれわれに思い出させてくれるためである。しかし、「感情」という言葉の近代的で問題のある用法に接近する場合には、その意味の広さが、活動している時の特定の身体や精神の状態を曖昧にする可能性もある。そうした感情の中には、意識されているか否かとは無関係の、単なる感覚が含まれている。また別の場合には、感情と思考は、偶然的に関係しているので、前者が後者を曖昧にし歪めることもある。さらには、感情は行動の構成物であり、その原因でもなければ、結果でもない。この最後の意味で、われわれは、個人の感情を「殺す」（外見上はその人の言明や行動から除去される）可能性だけでなく、特定の行動に不可欠な特定の感情を学んだり教わったりする能力の可能性も獲得する。このことは、感覚／感情が理論的には特定の発話から抽象化され得るとしても、実際にはそこから分離することは不可能であることを意味している。ロバート・ソロモンが『情念——感情と生の意味』の中で論じているように、感情を切り離そうとするこの傾向は、初期近代以降、思考と感情の概念的な対置をも導いた。ここでの感情は、様々な独特の思考や行動を一つにまとめたものである[12]。そして、感情と呼ばれる近代的なカテゴリーを構成するに至ったのは、まさにこの抽象化である[13]。その重要な帰結は、近代的な「美学」概念による感情概念の占有であり、「倫理」、「信念」、「政治」から感情が切り離されたことである。にもかかわらず、コリングウッドから学び得るのは、感情は「客観的」言明とされているものと無関係なのではなく、他の言明とは異なる形で関係しているという点である。なぜなら、感情はあらゆる発話に行き渡っており、同時に、感覚を持つ身体に統合されているからである。ある発話が、「非感情的」だとか「客観的」だとか「冷静」だという主張は文脈的な対比であり、完全な欠如を示すものではない。

同様に、T・S・エリオットは一九二一年に次のように主張している。感情からの思考の分離——それを表すために彼は「感性の分離（dissociation of sensibility）」という言葉を作った——は、一七世紀後半のイギリスの詩に最初に出現し、世俗化の過程を促進した。「形而上詩」と後に呼ばれるようになるものの最善かつ典型的な例には、「思考の直接感覚的な把握、換言すれば、思考を感情へと創造し直す働きが見られた」。例えば、ジョン・ダンにとって、思考とは感性を修正する経験であった。一七世紀において、詩は次第に感性の分離、思考と感覚の分離を表現するようになった。それは、とりわけ二人の重要な知的詩人であるジョン・ミルトンとジョン・ドライデンの影響の下で起こった。エリオットの言によれば、これによって一八世紀の感情の時代がもたらされたが、そこでは、ドライデンが用いたような分析的で記述的な言語は拒絶された。ミルトンやドライデンの「人工性」に反対する人々は、ときおり、「自分の心の中をのぞいて、書きなさい」と言う、とエリオットは述べる。「しかし、それでは充分

(11) R. G. Collingwood, *The Principles of Art* (Oxford: Clarendon, 1938), 162.〔近藤重明訳、『芸術の原理』勁草書房、一九七三年、一七六頁〕
(12) R. Solomon, *The Passions: Emotions and the Meaning of Life* (Indianapolis: Hackett, 1976).
(13) 魅力的なモノグラフである『情念から感情へ』(Thomas Dixon, *From Passions to Emotions* (Cambridge: Cambridge University Press, 2003) の中で、トマス・ディクソンは、世俗的な心理的カテゴリーとしての「感情」の出現を跡づけている。

に深く見ることにはならない。ラシーヌやダンは心よりも、はるかに多くのものをのぞいた。われわれは、大脳の外皮や神経系統や消化管をのぞかなければならぬ。[14]」

感覚と言語の区別を具体化するのに力があったのは、一七世紀における科学革命の到来という重大な出来事である。[15]それ以前は、「経験」という言葉は、自然の規則性に関する知識が主張される基盤として理解されていた。しかし、一七世紀の終わりまでに、「経験」自体が測定と計算によって管理され、再−現前させ得るものとして考えられるようになってきた。これは、世俗的な理性にとっては決定的な一歩である。[16]（これ以降、英語では「実験（experiment）」という語で知られるようになる）「経験（experience）」の数学化は、感情を「殺す」ための一つの方法であり、真の知識のために、非本質的であると考えられたものから知性を切り離し、客観性を指向して没利害的に認識する自己を訓練する一つの方法である。新しい科学にとって、計算不可能なものは、厳密にいえば、知識としての資格を有していない。逆説的なことに、没利害的な科学的知識の成長に加えて、発生期の資本主義が、自己利益を指向する主体の産出の基盤となった。初期近代のヨーロッパにおいては、「没利害（disinterest）」という観念は、科学、自然、客観性などの観念とともに、主に秩序の政治と美学を強化するために用いられた。しかし、結果的に、「自然的秩序」や「科学的客観性」に向けられた懐疑主義が没利害という観念を複雑にし、没利害性は、（利他主義や慈善などの形態で）最終的にはより積極的な意味を獲得し、自然的な傾向としての自己利益に対立するものとなった。

宗教的あるいは世俗的な人々の没利害性と自己利益に対する態度は、社会の変化とともに、変化し、重なり合った。初期近代のイングランドにおいては、「没利害性」は、「無関心」「中立性」「均衡」「欲求／欲望の欠如」を含む意味のネットワークの一部であり、それゆえ、ある意味から別の意味への移動は容易であったのである。[17]

Ⅳ

優れた翻訳者は皆、翻訳の過程がいかに逆説的なものであるかを知っている。しかし、ここで私が追

(14) T. S. Eliot, "The Metaphysical Poets," in *Selected Essays*, 3rd ed. (London: Faber and Faber, 1951)〔村岡勇訳、「形而上詩人」『エリオット全集3　詩論・詩劇論　改訂版』中央公論社、一九七一年、一二頁〕。しかし、ある鋭敏な論文の中で、F・M・クナは、感性の分離というエリオットの有名な観念は、一七世紀の韻文に関する近代的理論であって、当時の現実に関するものではないと論じている。「自分たちの理論に適用するためにエリオットの言葉をその文脈から切り離した批評家たちが、ある混乱に巻き込まれてしまったことは、まったく真実であるように思われる。エリオットの批評の多くが、結局のところ「ワークショップでの批評」であったことは、あまりにも簡単に忘れ去られている。エリオットがエッセイを書いている時、彼が念頭に置いているのは自分自身の韻文や過去を近代的な精神によって再評価することであり、かつての韻文の客観的な賞賛ではない。」F. M. Kuna, "T. S. Eliot's Dissociation of Sensibility and the Critics of Metaphysical Poetry," *Essays in Criticism* 13, no. 3 (1963): 241.

(15) Margreta de Grazia, "The Secularization of Language in the Seventeenth Century," *Journal of the History of Ideas* 41, no. 2 (1980): 319–29. doi: 10.2307/2709464 を参照。

(16) Peter Dear, *Discipline and Experience: The Mathematical Way in the Scientific Revolution* (Chicago: University of Chicago Press, 1995), 11–12. Lorraine Daston, *Classical Probability in the Enlightenment* (Princeton, N.J.: Princeton University Press, 1988) も参照。この著作において、彼女は（例えば偶然の契約や様々な疑わしい状況といった）日常的な経験が、数学に翻訳される過程を確率理論の歴史の中に跡づけている。

(17) *Historical Thesaurus of the English Dictionary* を参照。

究してみたいのは、――クルアーンの言説についてのザネーのおなじみのコメントとは対照的に――それは他の言葉に翻訳されるのではなく、生に、つまり、特定の儀礼の伝統と魂の規律という文脈における実践に翻訳される、という考えである。クルアーンの言語は、教育的な言説であると考えられており、それゆえ、言説的伝統全体によって、その伝統を身につけるよう教育される主体の側には、開放性(openness)が期待される。

私は、日常的に詠唱され、祈祷(あるいは儀礼への参加)を指示するクルアーンの言語の、翻訳に対する抵抗は、翻訳を、本質的にはある記号の集合から別の集合への移動ととらえることで、言語的翻訳が脱儀礼化の過程のはじまりとなるかもしれないという感覚と関連を持っているに違いない、と述べた。それでは、クルアーンの言語が感覚ある人間の身体へと翻訳されることについては、どのように考えることができるのだろうか。言語は、(J・L・オースティンの『言語行為論』(一九六二年)の有名な議論のように)それを使って何かをするだけでなく、それがわれわれに何かをし、われわれの内部に何かを生み出す。

神が物質的な身体をとり得るという考えを否定し、神の表象を認知不可能なものと見なし、聖なる顕現を否定し、創造主としての神とその被造物を明確に区別する伝統においては、人間が神性を持つことは文法的に不可能である。そこでは、神の永遠の言葉は、有限な身体の生と混同されることはないと信じられている[18]。この場合には、神の言葉を感覚ある人間の身体へと翻訳することは、問題のあるものになる。よく知られているように、中世のムスリム神学者たちは、神の本質とその属性の区別との関連で、クルアーンの地位を考察していた。その議論は、クルアーンは被造物(すなわち、純粋な行為主体の作ったもの)であるのか、それとも被造物ではない(つまり、神の言語は神の一部であり、神の被造物の一部ではないから、神と同時代のものである）のかをめぐる形をとった。そして、ムゥタズィラ派として知られる合理主義運動では、主要な関心は神の絶対的な統一に向けられたが、それは、正当にも、クルアーンで言及されている「神の属性」の排除をもたらした。なぜなら、明らかな擬人化によって、その統一性が破壊されると考えられたからである。しかし、（スンニ派の法と道徳に関する四つのよく知られた学派の一つである）ハンバル派によれば、クルアーンの第一の目的は、神の礼拝に際してそれを詠唱することであり、それは神の疑人的な属性（慈悲、共感、知恵、許し、友愛など）が、本質的には人間の理想であるからである。ムゥタズィラ派の合理主義に反対して、ハンバル派は、次のように主張する。クルアーンを読む（*qara'a* 読む、詠唱する）ことは、本質的には、人間よりもはるかに巨大な力と独特な形の完全性に対する信頼（*īmān*「信仰」）の行為である。それゆえ、それを詠唱することは、人間がしばしば達成することのできない理想（慈善、共感、知恵、許し、友愛など）を認識することである。詠唱されることによって、クルアーンは聖なるコミュニケーションとなるだけではなく、神に由来するこうした理想の、神の前での確認となる。

（18）　なお、*Qur'ān* 2: 115 を参照。私のここでの「文法的」という言葉の使用は、ヴィトゲンシュタインに従っている。ヴィトゲンシュタインによれば、この言葉は、自然言語の使用における「適切な」統語構造の形式的規則を意味するだけでなく、特定の生活様式の内部においてのみある言明が意味を持つことを許す、用法の体系を意味している。例えば、「私たちの考察が注目するのは、現象ではなく、いわば、現象の「可能性」なのだ。私たちが思い出すのは、つまり、現象に関して行われる発言のしかたということになる」。Ludwig Wittgenstein. *Philosophical Investigations*, part I, sec. 90（Oxford: Blackwell, 1953）〔邦訳八二頁〕ヴィトゲンシュタインの「文法」という用語は、計算ではなくゲームとしての言語の規則 - 支配的な性格を指している。

病からの回復や安全の保証のために、アミュレットという形で、文字通りの意味で神の言葉を身体に取り込み、身体に転写しようとする、ムスリム世界においてよく見られる行動は、この論争の影響を受けて、正当化されたり否定されたりする。ムスリム社会において広く見られる行為に、クルアーンの詩句を木版に書き、それを洗い流した水を飲んで体内に取り込むというものがある。西アフリカのクルアーンの学派についての興味深い研究において、歴史学者で民族学者のルドルフ・ウエアは、若い学生たちの間でのこの行動を、永遠のクルアーンを有限の人間に取り込むものとして描いている。[19] この行動(や同じような行動)は、おそらく、キリスト教の聖餐式の秘蹟を思い起こさせるだろう。ムスリムの中には、それを理由として非難する者もいると聞いたことがある。[20] ウエアはさらに、預言者が亡くなった時に、その血を飲んだ人々についての報告を、——ある伝統では「歩くクルアーン」と描写されてきた——預言者の身体を通して、神の言葉を文字通り取り込みたいという友人たちの欲望の証拠として、引用している(これにはほとんどのスンニ派の学者が反対している)。[21] 血——イスラムの伝統においては、クルアーンに触れる資格を失わせる不浄の主要な起源である——を飲むことや血を身体に付けることに対するクルアーンの明らかな禁止は、ウエアが記述した実践を行う人々によって与えられた解釈によって、伝統の内部から反対された。もちろん、私のここでの目的は、ウエアの伝統の説明について(何がその本質であり、何がそうでないのかを)議論することではなく、クルアーンの翻訳について、伝統の中でも論争が存在したことを指摘することである。その論争は、それぞれが異なった世俗的理由と神学的理由を利用する陣営の間の対立である。

要約すれば、イスラムの伝統における翻訳は、神聖性から信者の身体へという直接の形では起こらない。それは、預言者の生という伝統的な表象——つまり、長年にわたり、友人から始まる一連の名のある個人によって伝達されたその発言と行動の説明――から生じる。クルアーンにははっきり書かれている言葉に加えて、こうした言葉による説明が、アラブから世界の様々な地域におけるムスリムの土着の言語へと翻訳され、イスラムの伝統によって規制され、教えられてきた行動パターンへと翻訳されてきた、イスラムの源泉の主要なものである。[22] こうした説明の権威の究極の源泉は、クルアーンのうちにある。それは、信仰ある人々に対して預言者に倣うよう繰り返し命じている。そして、神への服従と尊敬を表

---

(19)「そして、教えが記憶されると、学生たちはその板を洗って、洗った水を飲み、歩くクルアーンであるムハンマドにクルアーンが注がれたように、自分たちの体内にその言葉を取り入れる。」Rudolph T. Ware III, *The Walking Qur'an: Islamic Education, Embodied Knowledge, and History in West Africa* (Chapel Hill: University of North Carolina Press, 2014), 10.

(20) 特定の伝統における慣習を否定したり支持したりする動機の基礎にある文化的な前提をより良く理解するためには、土着の身体概念――目に見える不調はその一つの状態に過ぎない――を導入する必要がある。「迷信」(*khurāfa*)という言葉は、「科学」だけでなく「宗教」という言葉とも密接に結びついていた長い歴史がある。Emile Benveniste, *Indo-European Language and Society*, trans. Elizabeth Palmer (Coral Gables, Fla.: University of Miami Press, 1973), 516–28.〔前田耕作他訳、『インド＝ヨーロッパ諸制度語彙集2　王権・法・宗教』言叢社、一九八七年、二五六－二七〇頁〕を参照。

(21) 最近の論考で、エブラヒム・ムーサは、次のように書いている。「預言者ムハンマドの妻であるアイシャが、ムハンマドの性格について問われた時、ムスリムの伝統では、彼女は即座にこう答えたとされている。彼の性格は、クルアーンの具現化であると。実際には、彼女は、彼の性格は啓示の必要条件と同じであると答えたのだ。あるいは、違う言い方をすれば、彼の性格は、啓示と同調していると言ったとも解釈され得る。」*Oxford Handbook of Qur'anic Studies*, edited by Muhammad Abdel Haleem and Mustafa Shah (forthcoming) の「クルアーンの倫理 Qur'ānic Ethics」の項目を参照。

現する身体の動きの繰り返しとともにクルアーンの詩句が詠唱されるという祈祷の範型を提示しているのは預言者なのである。

V

クルアーンからの翻訳に関するこうした観念をキリスト教の翻訳の観念と比較することは、どうすればできるのだろうか。ザネーによって繰り返されている、キリスト教の伝統形成についてのよく知られた物語は重要である。その物語によれば、世界の中心としてのエルサレムという考え方を放棄することで、キリスト教は、ヘレニズム世界の異なる地域に複数の宗教的中心地の成長を促した。そして、その結果、聖句は異なる言語に直接翻訳された。[23] さらに、初期のキリスト教は、ギリシア哲学の諸カテゴリーを自らの伝統に組み込むことに成功した。[24] この物語が有効である範囲では、次のことが示唆されている。つまり、歴史的な時間を、回収可能なメッセージや文化を伝達する中立的な媒体と常に見なすべきではなく、観念だけでなく生活のあり方を決め、時にそれを歪める現実化（eventualization）の過程と見なすべきである、ということである。ザネーによれば、この物語はイスラムとの明確な対照の上に成り立っている。イスラムは、キリスト教ほどヘレニズム化されず、それゆえ豊かでもないのである。[24]

しかし、この説明は、歴史的な観念に関する様々な研究の光の下で、評価されなければならない。まず、その初期段階においては、初期キリスト教と同様イスラムの伝統もまた、東地中海の思想と行動の後継者であった。もちろん、異なった形ではあったが。[25] キリスト教やイスラム、あるいはそれ以外の宗教的伝統を自律的なものとする捉え方は見直す必要がある。それらは、東地中海を取り巻く地域にお

(22) スンニ派の四つの学派のうちでもっとも古いマーリキ学派は、ハディースに対して「メディナの慣習」を優先させることがあった。その根拠は、ハディースがある一つの出来事を記録した報告であるのに対して、預言者がその後半生を過ごしたメディナのコミュニティの慣習は、行為に具体化された生きた伝統を表象している点にある。Yasin Dutton, *The Origins of Islamic Law: The Qur'an, the Muwatta' and Madinan 'Amal*, 2nd rev. ed. (London: RoutledgeCurzon, 2002) を参照。

(23) この物語は、今や古典と考えられているヴェルナー・イエーガーの『初期キリスト教とギリシアのパイデイア』(Werner Jaeger, *Early Christianity and Greek Paideia* (Cambridge, Mass: Harvard University Press, 1995〔野町啓訳、『初期キリスト教とパイデイア』筑摩書房、一九六四年〕) で詳述されている。同書の中で、イエーガーは、*paideia* を、教育的な機能を持つ包括的哲学、あるいは、文字文化とみなして接近している。「ギリシア的パイデイアは、全ギリシア文学の集成から構成されている。キリスト教のパイデイアにおいて、これにあたるものは、聖書である。」(92)〔邦訳一一〇－一一一頁〕テキスト的な意味へ没頭した結果、この伝統の初期の理論家たちは、聖書教育において伝達される意味の複数の層を記述することになった。

(24) Sanneh, *Translating the Message*, 274-75 を参照。

(25) これは、いわゆるアブラハムの宗教以外にも当てはまる。Garth Fowden, *Before and After Muhammad: The First Millennium Refocused* (Princeton, N.J.: Princeton University Press, 2014) を参照。マーシャル・ホジソンの古典『イスラムの冒険』(Marshall Hodgson, *The Venture of Islam: Conscience and History in a World Civilization*, 3 vols. (Chicago: University of Chicago Press, 1974))、とりわけその最初の二巻は、東地中海よりも広い領域におけるイスラムと他の伝統との相互作用の理解には、もちろん不可欠である。例えば、一〇世紀にセルジューク・トルコがイスラムに改宗し、中央アジアから中東に至る大帝国を樹立した時、イスラムの伝統は、仏教、シャーマニズム、マニ教、ネストリウス派キリスト教に出会うことになった。もちろん、ここから、各々の伝統が、他のものとの単なる相互作用の産物であるという結論を導くことはできない。

ける、一体性を持った複雑な知的社会的領域に、同時期に存在した諸伝統なのである。そこでは、お互いがお互いに反応し、後に特徴的とされるようになる伝統について、（しばしば相互に対立的であったとしても）部分的には関連するものとして、同意・不同意や、再定式化が行われたりした[26]。この歴史的文脈の中では、翻訳はしばしば、ある可能な意味を別の意味を犠牲にして特定する、もっともらしい言語的な理由を探すという意味で、「偏ったもの」であった。それは、翻訳される言説を吸収したり非難したりするためだけではなく、翻訳がもたらす伝統の進化（あるいは伝統の一部への異論）を正当化するためでもある。オリエンタリストは、イスラムのユダヤ教的「起源」やキリスト教的「起源」を跡づけようと長らく試みてきたが、ユダヤ教やキリストの発展に対するイスラムの影響については、ほとんど何も語られてはこなかった。

ここで私が強調したいのは、初期の伝統の諸側面を理解することで、イスラムは、キリスト教と同じように、（哲学的伝統において伝えられてきたような）理論的な知識や観想の価値に対する強調だけを受け入れたのではなく、ギリシア人がパイデイア（*paideia*）と呼んだものの中に例示されている実践、つまり、若い貴族に対する社会の中で果たすべき役割の教育をも受け入れたのである[27]。それは、儀式化と呼ぶこともできるような修正と反復の過程を通して、行動の洗練を学ぶことを意味していた。

中世キリスト教において、この哲学的伝統は、前イスラム期のエジプトで発明された精神的実践である修道院生活で実践された。例えば、ジャン・ラクラールは次のように述べている。

禁欲的な中世においては、古代と同様、*philosophia* は、理論や知の技法を指していたのではなく、智（wisdom）の経験、理性に従った生活のしかたを意味していた。理性に従って生きるには二通りの方法がある。一つは、異教徒の哲学者が教えるようにこの世の知恵に従って生きる方法（*philosophia saecularis* あるいは *mundialis*）であり、もう一つは、現世ではなくすでに未来のものとなっているキリスト教の知恵に従って生きる方法（*philosophia caelestis* あるいは *spiritualis divina*）である。優れた哲学者は、あるいは哲学そのものが、キリストであり、神の知恵が宿る（*ipsa philosophia Christus*）のである。(28)

イスラムの伝統においては、この理性に従って生きるという考え方は、法学者、神学者、神秘主義者であったアブ・ハミド・アル゠ガザーリーの高名かつ影響力の大きい重要な著作『宗教的知識の再興』（*Ihyā'ulūm addìn*）に典型的に示されている。

（26）マイケル・セルズは、異教徒、キリスト教、イスラムにおける神秘主義的な言説に関する著作において、このことを明確に示している。「どれかの伝統からのテキストの「借用」に焦点を当てるのではなく、相互の対話と論争の中で規定される、部分的に共有された知的象徴的世界の内部での競合するものとして、これらの伝統をとらえた方が、より生産的であるように思われる。」Michael Sells, *Mystical Languages of Unsaying*（Chicago: University of Chicago Press, 1994）, 5. この視点は、いわゆる宗教的伝統の異国起源というオリエンタリストの先入観よりも、はるかに啓発的であると思われる。なぜなら、それは対話としての翻訳に注意を向けているからである。

（27）Pierre Hadot, *Philosophy as a Way of Life*（Oxford: Blackwell, 1995）を参照。

（28）Jean Leclerc, "Pour l'histoire de l'expression 'philosopie chrétienne,'" *Mélanges de Science Religieuse* 9（1952）: 221–22.

ガザーリーによれば、魂（*nafs*）は、出生時（*nafas* は「呼吸」を意味している）における可能性の集合であり、それが徐々に他人の助けを借りて自己（*nafs*）になる。この考え方の一部は特定の時空の領域（紀元前五〇〇年頃から紀元後一〇〇〇年頃までの東地中海世界）に属するものであり、そこでは様々な伝統が共存していた。しかし、ガザーリーにはアリストテレスとの決定的な違いがあった。彼は、アリストテレスのように、思考が自己の本質であり、それゆえ、観想的生活がその最高の到達点であるとは考えなかった。ガザーリーにとって、神によって作られ、自ら神に向かって（そして、その被造物となるべく）学んでいくものとしての自己こそが重要であった。

飲食時のマナーのようなありふれたものから、死に際して人生の完成を観想することまで、ガザーリーが人間生活のあらゆる側面を詳細に扱ったのは、そのためである。この伝統では、この世での生において、「宗教」と「非宗教」が明確に分離していない。「宗教」を自律的な領域とし、「宗教的言説」を技術的な言語にしたのは、世俗主義の成果なのである。したがって、日常的な祈祷（*salāt*）という儀礼は、同じ意味では厳粛といいえない慈善的な行動（*zakāt*）と共通の範例的な意図によって結びつけられていた。より重要な点は、規定されていること（*wājib*）と禁止されていること（*harām*）を合わせても、「宗教的」生活の全体を包含するものにはならなかったことである。

その第一の理由は、この伝統には、積極的あるいは消極的指令を下す別のカテゴリーが存在したことである。*makrūh*（不認容）と *mustahab*（認容）である。このことは、シャリーアを近代世界で理解されている意味での「法」という語に訳すべきではないことを意味している。というのは、そこには、裁判にかけられるべき問題と同時に、裁判にかけられるべきでない問題も含まれているからであり、妥当な規則に従った適切な行動を強制するものであると同時に、妥当な規則を保証する方法（認識論）を含んでいるからである。しかし、このことは、（あるオリエンタリストが主張したように）シャリーアにおいて法と道徳が「混同されている」ことを意味しているわけではない。なぜなら、そうした議論は、この二つが本質的に区別可能であることを前提としているが、概念的に独立した領域としてこの二者を構成するのは、相対的に新しい歴史的発展の産物であるからである。

第二の理由は、シャリーアにおける媒介的カテゴリーである *mubāh* の存在である。*mubāh* は、認められているだけことではなく、すべての人に自由で開かれているものを意味する。それは、存在の未分化な形態である。ガザーリーは、通常英語の action に翻訳される *'amal*（複数形は *a'māl*）という語を用いている。しかし、*'amal* は運動と同時に休息も意味するが、action は何かをするために使われるエネルギーという意味を持っている――だから、passion はエネルギーを与えられた（being acted upon）状態を表すのである――このよく使われる翻訳は不適切であり、「存在の様式（mode of existence）」という言葉が適切であるように思える。したがって、「意図によって結びつけられた状態」と題されたセクションで論じられているのは、*a'māl* の中のより狭い部分に対する彼の関心である。[29] ガザーリーにとって問題であったのは、敬虔あるいは金銭、もしくは（*mubāh* のような）そのどちらでもないものによって実現され、促進される状態である。

（29） Ghazālī, Ihyā, vol. 4, p. 567 を参照。

mubāh は、禁止されたもの（harām）と命じられたもの（wājib）というカテゴリーの外にこぼれ落ちるものを示すので、その内容を完全に数え尽くすことはできないし、その境界は決定不能である。*mubāh* は、偶然の会話、喜ばしき行為、様々な種類の情報や発明の蓄積、日常生活の決まり切った慣習的な行動（*'ādah*）を含んでいるが、それに尽きるものではない。こうした行動は、特定の生活のジャンルや、生全体の内的一貫性に対する欲望を作り出すかもしれない。しかし、*mubāh* である実践はまた、欲望に影響を与え、それを形成するので、肯定的・否定的な、あれこれの評価的なカテゴリーに接近する。*makruh*（不認容）と *mustahab*（認容）という裁判にかけるべきでないカテゴリーの働きによって、「禁じられた」（*haram*）行動や「命じられた」行動、つまり疑問の余地のない行動のカテゴリーが、了解可能になるのは、まさにこの時点である。善と悪の区別は絶対的なものであるから、ガザーリーは、意図は行動の原因であるけれども、良き意図を作り出すことによって悪を善に変えることは不可能であると主張している[30]。

ガザーリーが勧める鍛練の原則は——神に対する究極の指向を除いては——単一ではない。したがって、訓練は、日々の祈祷、毎年の絶食、慈善のような崇拝の行為（*'ibādāt*）から、日常の行動まで幅広い。理由付けは、議論されている問題ごとに異なる。アラビア語の *nafs* という単語は soul と self の両方に訳されてきたが、厳密にいえば、現在の通常の言説（や学問的言説）で用いられる self の意味は、ガザーリーがその語で意味しようとしたものではない。したがって、私は通常それを soul として読み取っている。つまりそれは、神によって植え付けられた一群の可能性と傾向性を意味しているのであり、継続的な緊張をその内部に孕みつつ、その人が完全な意味で何であるかに関する覚醒の可能性をもたらしている。ガザーリーが想起させる伝統では、複数の時間性が認識されている。特定の出来事の予定としての時間と、漸進的な学習の経験としての時間、そして、ある生の終着点であり、他者がその生を回顧的に規定する、死としての時間である。

　自己は、自らの手によって自らを実現することはできない。それは、時間の中で、第三者（すなわち直接相互行為している相手以外の誰か）の視点を用いた言説的伝統を通して形成される。日々の営みであれ、その潜在能力の完成であれ、自己の他者に対する依存は本質的なものであり、学習者やこの道をすでに成功裏に歩き通した人は、その成功と失敗を判断することができる。ガザーリーの倫理的語彙は、徳ある魂の形成を制約し促進する動態を扱っている。ガザーリーによれば、人間は、生まれながらにして神の規範に到達することを熱望するが、この世においては動物的身体に宿らざるを得ない。徳に対する熱望、覚醒、実現は、身体の感覚を通してのみ可能になる。それは、他者との関係の内部での、その関係に関する理由付けに本質的である[31]。

　ガザーリーによれば、人間は、人間以外の動物と二つの関連する質によって区別される。（実践的およ

(30)　したがって、「十戒」のいう「汝殺すなかれ！」は、条件文に変換することができない。「殺すことによってより大きな善が達成される場合に限り、殺すことが許される」とはならないのである。このことは、中世の決疑論においては、二重効果の原則として知られていた。

(31)　中世のイスラム、キリスト教、ユダヤ教の論者たちが「共通感覚」（common sense, al-hiss al-mushtarak）と呼んだものには、統合的機能が含まれている。今日の「常識」の意味と混同してはならない。Harry A. Wolfson, "The Internal Senses in Latin, Arabic, and Hebrew Philosophical Texts," *Harvard Theological Review* 28, no. 2 (1935): 69–133 を参照。この問題についての基礎の大部分を設定したのは、ダニエル・ヘラー＝ローゼンの『内的接触——感覚の考古学』(Daniel Heller-Roazen, *The Inner Touch: The Archaeology of a Sensation* (New York: Zone, 2009)) である。

び理論的）知識と、それに付随する、対象に対する実際の志向として理解される意志（will）または意図（intention）（ともに *irāda* の翻訳）である。[32] 人間が存在のある様式の必要性とその帰結を意識する時、その目的を達成したいという強い欲望（*irāda*）が、彼または彼女のうちに湧き上がり、欲望に意志を伴わせる。「意志」の意味が、（超越的な力に近づく、あるいは、それから遠ざかる）方向（*orientation*）から源泉（*origin*）（行為主体の因果的エネルギー）へと変化する時、その変化は世俗性に向かっていると言えるであろう。ガザーリーによれば、（頑固さと対置される）意志を伴った欲望は、動物と違って、人間が生まれながらにして信仰の能力（*imān*）を推論の能力（*ʿaql*）とともに持っているからこそ可能になる。そこでは、信仰は神への信頼の問題であり、推論は、欲望を形成する助けとなる特定の選択の方法への接近を可能にする。

　アラビア語の *ʿaql* という語のガザーリーによる用法は、この語の翻訳として通常使われる英語の reason という語の一般的な用法と同じではない。*ʿaql* は、有限な人間存在のもっとも平凡な意味の経験（理解）から、人間の魂に可能な超越的真理のもっとも深遠な実現までを含んでいる。徳あるものを欲望することは、（情熱的推論という形で）理性と情念の双方に依存しているのである。欲望、渇望、食欲、情念は、すべてアラビア語の *shahwa* という語の翻訳になり得る。それは、どのような文脈で使われているのかに依存している。それらはいずれも、身体が自らの再生産のために、あるいは、特定の生き方を成功させるために必要としているものを指しており、推論はそれに不可欠のものである。しかし、自分の欲望や食欲、あるいは情念を善い方法で表現する人もいれば、悪い方法で表現する人もいるだろう。あらゆる例において、理性と対置される魂は、ガザーリーが「悪魔的」（*shayṭāniyya*）と呼ぶ力を持つ。それは、人間が自分の「真の」欲望を認識することを不可能にする。すなわち、自分の持っている欲望だとは必ずしも思わないようにするのである。それゆえ、あらゆる魂の内には、存在の徳ある様式を実現しようとする試みとそれに対立する力との間の継続的な闘争がある。いいかえれば、真の了解と存在の間の結びつきをうまく確立しようとする試みと、存在を歪め、弱体化する力との間の継続的な闘争があるのである。

ガザーリーが想起させる（そして貢献する）伝統では、「悪いことをやらせたがる魂」（*an-naf al-ammāra bi-ssu'*, Qur'an 12: 53）と「己れを責めてやまぬ魂」（*bi-nnafsi-l-lawwāmmati*, Qur'an 75: 2）が存在している。前者は、個人を誤った方向に導く傾向であり、後者は、近親者や友人による修正と自らの意識の高まりによって、その傾向を阻止するものである。それゆえ、ガザーリーにとって悪の否定は、善に従うことと同じく重要である。魂の鍛錬は、自分が何をしているのか、何をすることを欲しているのかを自らに問い続けることを必要とする。それによって、自らを騙していないことを確認しようとするのである。悪に直面した時、行為の継続的な反復と自問が重要であるのは、まさにこのためである。この伝統においては、（神自身による協力をはじめとして）他者の協力による自己理解が中心的な意味を持つ。それでも、誤りが魂の善なる形成を脅かす可能性は、常にある。教師や友人はお互いに誤った行動を修正し合うべきである。それゆえ、他者を極端な形で批判する人々を、ガザーリーは非難するのである。

要するに、ガザーリーの魂の鍛錬の理解は、適切な欲望と、それを充足させるための適切な技術を前提としている。興味深いことに、他の神秘主義者と同様、彼にとっても、真理の自覚は、「味わう」

（32） 例えば、「そして、食べ物への欲求は、意志の一種である」。（*fa idhan shahwat al-ta' ām ahad durūb al-irādāt.*） Abu-Hamid al-Ghazālī, *Ihyā 'Ulūm al-Dīn*, vol. 4 (Cairo: al-Quds, 2012), 173.

(*dhawq*)という言葉によって典型的に表現される。それは、食物を摂取した時の喜びや、神の言葉を詠唱した時の尊敬を含む感覚(両者ともに舌が重要である)であり、それゆえ、秘教的な真理に接近する感覚を伴っている。「真理を味わう」ことを学ぶとは、言語的象徴を非言語的体系に翻訳する一つの例ではなく、感覚‐態度として「真理を認識する」ことを学ぶことである。ちなみに、ガザーリーの注釈者のほとんどは、「味わう」という語を「隠喩」ととらえている。しかし、味わうことは接触の一つの形態なのだから、それを存在のある状態の真理に結びつけているものは、感覚的意識の複雑な歴史の一部なのである。この歴史への着目は、「味わう」という語の使用に関して、隠喩という観念に早々に訴えるよりも興味深い理由を明らかにしてくれるだろう。なぜなら、「味わう」という語は、触れている感覚と、触れられている感覚を含み、啓示の発声がいかに人をとらえたかという感覚を含んでいるからである。聖なる言葉だけでなく、あらゆる言葉が感覚を統合する潜勢力を有している。特にそれが感覚ある身体をとらえ、動かす時はそうなのである。

この伝統においては、肉体から分離された言葉で何を語るかだけでなく、言語と沈黙の中で、そしてそれによっていかに生きることができるようになったかが、包括的な構想のもっとも中心的な点を表現している。自らの成功した学習の中に示される謙遜や、ある生活形式を他者に(証明するのではなく)見せ、それによって他者自身の生を再検証することを促したり、真実の方向にそれを変更する理由を与えたりするのである。ストア派にとって、このことは主に、自然に従って生きることを意味していた。ちなみに、超越的な構想に言及することでいかに生きるべきかを(実践的知識を介して)学ぶ過程は、イスラムやキリスト教、ユダヤ教の伝統において重要であるだけでなく、まったく異なった形ではあるが、仏教、道教、ヒンドゥー教にも共通するものである。

ミシェル・フーコーらは、「自己への配慮」についての著作で有名だが、彼らの「自己への配慮」過程が個人主義的に編成されているのとは対照的に、私がここで強調したいのは、善き生の構想に根ざす実践的な知識を保存し、教え、鍛錬するための世代間の協働を前提とする伝統の内部から、自己がその能力をいかにして発展させてくるのか、という点にある。後期の著作において、フーコーは、古典古代に関する大歴史家であるピエール・ハドから着想を得ている。ハドから見れば、フーコーの著作には賞賛できる部分もあるだろうが、「自己への配慮」という観念については、同意しないであろう。なぜなら、ハドは次のように書いているからである。

私が恐れているのは、自己の文化、自己への配慮、自己への転換に、過度に焦点を絞って解釈すること――より一般的にいえば、倫理的モデルを存在の美学と定義すること――によって、M・フーコーは、自己の文化をあまりにも美的なものとして提示し過ぎていることである。いいかえれば、これ

(33) ちなみに、後者が重要になるのは一五世紀のことであり、したがって、ムスリムの間で預言者の模倣が行われるようになったはるか後のことである。

(34) 理論的知識と実践的知識の区別は、エリザベス・アンスコムによって、現代の英語圏の哲学に復活させられたが、その起源は、アリストテレス主義にあり、それを継受したイスラム、ユダヤ教、キリスト教の徳倫理の伝統の内に見出すことができるものである。彼女のもっとも優れた著作は、Elizabeth Anscombe, *Intention* (Oxford: Blackwell, 1957)〔菅豊彦訳、『インテンション――実践知の考察』産業図書、一九八四年〕である。また、彼女の挑発的な思索、特に"Modern Moral Philosophy" (1958), "Authority in Morals" (1960), および"War and Murder" (1961) などは、*Ethics, Religion and Politics* (Oxford: Blackwell, 1981) に収められている。

は、二〇世紀後半のスタイルを持った、新しい形態のダンディズムであるかもしれない。しかし、その点は、ここで私が行っている以上の注意深い研究に値する。ナイーブに聞こえるかもしれないが、しかし、私は次のことを強く信じている。近代人にとって、――ほとんどの古代人は、それが可能であると主張しなかったのだが――賢人（*sophos*）として生きるのではなく、永遠に不安定な知恵の鍛錬の実行者として生きることは可能である、ということである。[35]

この文脈における美学化とは、個人の判断を実行する権利だけでなく、言説的伝統とは独立に、自らに対する究極的な権威を行使する個人の権利の主張である。一九世紀の概念史家であるステファン・コリーニは、ロマン主義的な自己を、あらゆる伝統から切り離された自己として描いている。ロマン主義においては、こうした自己は「経験への開かれ、主観的な反応の涵養、美的なものの価値上昇、自らの個性と可能性についての説明的態度といった様態を反映している。これらすべては、異なった、おそらくより身勝手で、確かにより私的なメッセージと政治的振る舞いを伝達している。[36]」ちなみに、この種の自己の概念化は、一五世紀前の聖アウグスティヌスの有名な警句の対象であった。「あなた自身を引き渡しなさい。あなた自身を作り上げるようにしなさい。さもなければ、破滅することになるでしょう。」ガザーリーが知っていれば、おそらくこのアウグスティヌスの立場を認めただろう。なぜなら、彼にとって、自らを導く本質的な自己など存在しないからである。生きた伝統によって、あるいはそれに抗して、現実化し得る魂の潜在性だけが存在するのである。

しかし、近代文化の特定の分野には、手段と目的のモデルを与える生きた伝統の――世俗版の――残響がある。例えば、プロの俳優は、自分自身を脇に置いて、その役柄の精神的肉体的な世界――身振り、情念、欲望――に入り込もうとする。俳優の行為主体性は、演じている役の行動にあるのではなく、他者になるために、自らの力を失わせるその能力にある。演じる能力は、その人自身だけのものではない。それは、その人のものであると同時に、脚本を書いた劇作家のものでもあり、脚本と上演を媒介する舞台監督のものであり、他の俳優のものでもあり、とりわけ、演技と聴衆との間の共鳴（あるいはその欠如）のものである。したがって、彼女の演技力は、彼女が学び、彼女が――おそらくある程度はそれに抗して反応することで――発展させようとしている演技の伝統に帰属している。例えば、役者の脚本に関する解釈と演技は、過去と現在におけるたくさんの協力者に依存している。だからといって、彼女の演技は完全には彼女のものではないというのは正確ではないだろう。彼女が物語の作者ではないという事実は、彼女が、自分自身の行為能力を諦めた受動的で従属的な主体であることを意味していない。

Ⅶ

ここまで論じてきたように、言語の翻訳についての近代的な見解とは異なって、この問題についての

（35） Hadot, *Philosophy as a Way of Life*, 211. 以後の批判者たちは、ハドと同様に、ロマン主義への退行であるとしてフーコーを非難した。しかし、ベローズ・ガマリ‐タブリジは、フーコーの後期の著作は、イランにおけるイスラム革命の多産な影響の帰結であると、確信を持って論じている。Behrooz Ghamari-Tabrizi, *Foucault in Iran: Islamic Revolution after the Enlightenment* (Minneapolis: University of Minnesota Press, 2016).

（36） S. Collini, "The Idea of 'Character' in Victorian Political Thought," in Transactions of the Royal Historical Society, fifth ser., no.55 (London: Royal Historical Society, 1985), 38.

伝統的なムスリムの立場は、アラビア語以外の言語の地位を貶めているわけでは必ずしもないし、まして、近代主義者が示唆するように、クルアーンで伝えられている聖なるメッセージに対して無関心であるわけでもない。私の考えでは、この立場が意味しているのは、もっと興味深いことである。それは、世俗化に対する危惧、テキストの抽象化された知的な意味が、読解的／詠唱的／宗教的な自己とテキストとの関係を変容させてしまうではないかという懸念である。その前提は、メッセージをその媒体から切り離すことはできないということであり、媒体がどのように主体に宿るようになり、どのように主体と結びつくかが、メッセージの意味にとって決定的であるということである。いいかえれば、敬虔なムスリムにとって、クルアーンの意味は、論理的で辞書的な基準によって機械的に決定されるものではないし、社会的文脈だけによって決定されるものでさえない。神への畏怖としての敬虔さ（*birr wa taqwa*）は、単なる神による禁止ではない。それは、クルアーンの意味に到達するために必要な前提条件と見なされている。信仰あるキリスト教徒にとっての聖像と同じように、聖なる詠唱は、現在の中にあって現在を超えるある生活形式を暗示する。それは、失われたとしても再び想起され、信仰ある男性や女性の心の内に結晶化する時に確認される(37)。この生活形式は、――通常 piety（慈悲）と訳される *taqwa* という語によって示される――ある感性を開発し、発展させたものである。なぜなら、*taqwa* は、「強化する」という意味も持っているからである。

ここでは、宗教的であれ非宗教的であれ、伝統の典型と見なされる儀礼および儀礼化という観念を検討することで、この点を詳細に論じてみたい。儀礼の理論は、人類学の初期の歴史の中心であったが、最近の理論のほとんどは、エドモンド・リーチによって有名になった道具的行為と象徴的行為という基礎的な区別の上に立脚している。そこでは、儀礼は、自然界に対して何かをするための試みとして理解されるのではなく、何かを象徴するものとしてとらえられている。[38] 道具的行為と象徴的行為を区別する理論は、今でもときおり出現する。その洗練された一例は、スタンリー・タンビアの『儀礼の演劇理論』に見られる。そこでは、J・L・オースティンとジョン・サールを引いて、「特殊な種類……の社会的コミュニケーション」としての儀礼の定義が詳細に論じられている。[39]

しかし、以下では、儀礼的行為の社会的機能からその構造へ、そして、それがいかにして、行為主体の感情・思考・態度を結びつけるかに議論を移していきたいと思う。儀礼化という観念は、行為主体が特定の行為によって、いかにして適切な感情と思考を形成するのか、そして、その行為が、いかにして自己の形成における契機と見なされ得るか、という問題に焦点を当てる助けとなるであろう。

強調しておきたいのは、「儀礼」の理論を提示することに関心があるわけではないことである。私は、儀礼を「家族的概念」と見なしている。なぜなら、その用法は、慣習、定型句、形式化、反復、強迫性、

---

(37) 信仰するキリスト教徒の像については、Rowan Williams, *Lost Icons: Reflections on Cultural Bereavement* (London: Moorhouse, 2000). を参照。

(38) E. E. Evans-Pritchard, *Theories of Religion* (Oxford: Oxford University Press, 1965), 44-45 を参照。古典的な祈祷の研究 (Marcel Mauss, *On Prayer*, trans. by Susan Leslie, ed. by W. S. F. Pickering, 1909 [New York: Berghahn Books, 2008]) において、マルセル・モースは、祈祷の儀礼と呪文を唱える儀礼という基本的な区別を行った。後者は本質的に道具的な行為を意味しており、前者は社会的関係を意味している。この区別は、いわゆる宗教の進化を跡づけるというデュルケーム的な関心に明らかに由来している。しかし、祈祷（「宗教」）と呪文（「魔術」）は、異なった目的を持っているものの、共に意図的なものであり、モースによれば、両者は同時に見出される。

(39) Stanley Tambiah, *A Performative Approach to Ritual* (London: British Academy, 1981), 132.

本能、強制、演劇、などと、様々に関連し、重複しているからである。そして、あらゆる言語は、多様な形で社会生活に埋め込まれているので、こうした家族的概念は、生活の形態の変化に合わせて、継続的に再構成され、変動している。

Ⅷ

中世イスラムのシャリーアの解説書における意図（*niyya*）に関するポール・パワーズの有益な研究、特に義務的な毎日の祈祷（単数形 *salāt,* 複数形 *salawāt*）における意図を扱った前半部分を取り上げてみたい。パワーズを選んだ理由の一つは、人類学者キャロライン・ハンフリーとジェームズ・レイドロウによる最近の著作『儀礼の原型的行為』の中に、イスラムの崇拝についてのパワーズの理解を触発したであろうものを見つけたからである。[40]

ハンフリーとレイドローは、儀礼を「規則によって定められた行為」と定義し、それを構成する規則の重要性を強調する。彼らの指摘によれば、儀礼は偶然的な行為でもランダムな行為でもないけれども、それを行う人間の意図や感情には本質的に依存していない。そして、形式的な行為として、儀礼は――それぞれの始まりと終わりを持つ――「個別化され、名付けられた全体」であり、それゆえ儀礼として実体化する。[41]このことは、儀礼を古典的なデュルケーム的な意味で「物のように」（thing-like）扱っているかに見えるかもしれない。しかし、ハンフリーとレイドローは、彼らがエミール・デュルケームの理解と考えたものから足早に遠ざかっている。彼らは、儀礼について語るに当たって、思考する存在の行動に関心を持ったという。彼らは、次のように書いている。「行動を外側から、モースによって定式化されたデュルケーム的な伝統における客観的な「社会的事実」として見るだけでは十分ではない。人々は自分の行為に意識的でもある。第四章では、ある人間が儀礼的行動をとる意図は、その行為に、アイデンティティや意味を与えるものではないと論じるが、にもかかわらず、その人が実際には意図的に行動していることは強調しておきたい[42]。」もちろん、人々は自らの行動について意識的である（それが「人間の行為」の論理的前提であるという意味では、常に意識的である）。しかし、上述したように、アリストテレスが自我の現実的な一部と見なした思考という意味における「意識」は、ガザーリーが決定的なものとして特定した（目覚めていて、注意深いという意味における）「意識」と同じではない。また、「意識」は、（一九世紀の哲学者であるフランツ・ブレンターノに始まる[43]）近代の発達心理学が、ある対象に向けられた心理的出来事としての「意図」という内的に構造化された概念によって置き換えた、不確定な精神状態でもない。

いずれにせよ、ハンフリーとレイドローが与えた定義に対しては、次の点を指摘することができるだろう。世俗の生活における多くの出来事は、完結するもの（食事を終える、講義を終える、祝日を終える、恋愛を終える）であり、個別の名付けられた実体として、「外在的な」性格を持ち、行為者の意図、態度、信念と一致させることが可能である。しかし、この基準は、世俗の様式としての「脱儀礼化」を特定す

(40) Caroline Humphrey and James Laidlaw, *The Archetypal Actions of Ritual: A Theory of Ritual Illustrated by the Jain Rite of Worship* (Oxford: Clarendon Press, 1994).
(41) Humphrey and Laidlaw, 88–89.
(42) Humphrey and Laidlaw, 135.
(43) Franz Brentano, *Psychology from an Empirical Standpoint* (1874; repr. London: Routledge, 1995) を参照。

る助けにはならない。彼らの定義に欠陥があるということではない。儀礼の定義は「儀礼」の意味を理解するためには必ずしも必要ではないというだけのことである。ヴィトゲンシュタイン[44]が言ったように、ある語の意味は、その用法のうちにあり、不変の固定された定義のうちにあるのではない。モースは、このことを意識していた。彼は次のように言っている。

祈祷は驚くべき歴史を持っている。周辺的な位置付けから始まって、それは徐々に宗教的生活の中心へと押し上げられていった。無限に柔軟であるので、それは、きわめて多様な形態をとり得る。感情を込めたものと強制的なもの、謙虚なものと脅迫的なもの、簡潔なものと想像にあふれたもの、変わらないものと変わるもの、機械的なものと精神的なものなど、さまざまである。その役割も極めて多様である。ここでは素っ気ない要求であるが、あそこでは命令であり、別のところでは契約であったり、信仰の行為であったり、告白であったり、嘆願であったり、賞賛の行為であったり、神を讃えるものであったりする。同じタイプの祈祷が、あらゆる変化を越えて受け継がれていく場合もある。最初はほとんど無意味だったものが、突然意味に満ちたものになり、非常に荘厳なものとして始まったものが、徐々に機械的な賛美に堕していくこともある。……祈祷は発話（speech）である。今では、言語は目的と結果を持つ行為であり、基本的には、常に行動の道具である。しかし、言葉によって外在化され、実質を与えられた観念と感情の表現によって、祈祷は作動する。発話は、行動すると同時に思考することである。祈祷によって信念と儀礼が同時に発生する理由も同じである[45]。

いいかえれば、モースの強調点は、祈祷が複数の意図、態度、感情を持ち得る点にある。つまり、ある重要な意味において、祈祷は複数の種類の行為なのである。

（モースによって発展させられた）デュルケームの社会学の概念は、社会的現実の究極の本性についての主張だけでなく、それを「あたかも物であるかのように」研究する際の特定の態度、その複雑な構造に焦点を置いた態度の受容への誘因であった。いいかえれば、われわれの関心は、次のような事実に向けられている。つまり、規則に従うことが儀礼を構成している以上、その実践の中で用いられる技術が、それぞれの実践の要点——用途——が何であるかということについての客観的な判断の基礎を提供しているということである。意図の構造がここで問題になるのは、まさにその意味においてであり、儀礼の実践は、他のあらゆる行為の実践と同様、偶然的なものではない、という素朴な意味においてだけではない。しかし、問題なのは、実行者の意図、感情、態度が、どの範囲で、また、いかにして、特定の実践と結びついているかを正確に特定することである。ここには、気楽なスタイルか厳粛なスタイルか、希望の表現か有効性に対する信念か、他者を喜ばせることを目的とした行為か、徳を涵養することを目的とした行為か、といった点が含まれる。

パワーズは、ハンフリー＝レイドローの定義を適切に評価して、次のように指摘している。イスラムの祈祷は、彼らのアプローチでは認められていない二つの行為主体（祈祷する主体と、その前で祈祷が行

（44） 健全な思考のためには概念を慎重に定義しなければならないと求めている点について、イブン・タイミーヤのギリシア論理に対する批判も参照。ちなみに、彼の立場を通常の言語哲学と混同してはならない。Taqī ad-Dīn Ibn Taymiya, *Jahd al-Qarīha fī Tajrīd an-Nasīha*, summarized by al-Hāfiz Jalāl ad-Dīn as-Suyūtī (Beirut: Maktabat al-ʿAsriyya, 2009) を参照。
（45） Marcel Mauss, *On Prayer*, trans. Susan Leslie (1909; repr. New York: Berghahn, 2003), 21, 22.

われる神）の中心性を前提としており、この関係は、崇拝者の意図を儀礼の妥当性に本質的なものとしている。しかし、注記しておく必要があるのは、人類学的な定義は、行為者の動作と独立に定義される儀礼の公式の動作と、行為者の動作との間の概念的な区別をもたらすということである。

ここで問題となるのは、パワーズや彼がよりどころにした人類学的な研究が、「儀礼の存在論」（その存在あるいは本質）に関わるものであり、その行為がそれを行う主体を涵養するか否か、そして、涵養するのであれば、どのようにするのか、という点を無視していることである。言説的伝統によれば、祈祷の規則（*salāt*）は神に近づくための手段（*qurba*）である。いいかえれば、祈祷は神に向けられたコミュニケーション（時にそれは、公式の祈祷の最後に付け加えられる「嘆願」（*du'a*）と区別される）であるだけではなく、神の前で神に対する適切な態度を涵養する試みの一部なのである。この神への近さの形式的な自覚は、それほど形式的ではない――より日常的な――神との友愛の意識によっても補われている。特にスーフィー派の場合はそうであるが、スーフィー派だけに当てはまるわけではない。例えば、イスラムの聖人伝においては、預言者アブラハムは「神の親しい友人」（*khalīl allah*）として知られている。[46]このように、祈祷の言葉は、様々な水準で、日常生活の希望や欲望に結びついている。

パワーズは、イスラムの儀礼的な祈祷においては、意図と意志がともに本質的であることを指摘し、後者を内在的な力、前者をその方向性と規定した。[47]儀礼が外的な結果に見えるのは、意志と意図とが結合したものを内在的な原因と見なすからである。問題をこのようなやり方で見ることで懸念されるのは、祈祷のもっとも重要な点（主体が自らの信念の明確化を学ぶこと）が見失われ、学ばれた伝統的な規範が、行為者の経験と混同されてしまう、つまり、祈祷が意味していると行為者が考えていることと混同されてしまうことである。祈祷において詠唱される言葉と身体の動きは、信念を（知的な教説として）作り出すことを目的としているのではなく、崇敬の態度と神に近づきたいという欲望（意図）を目的としている。私が強調したいのは、ここで言及されているのは、一人一人の行為者の私的な経験ではなく、言説的伝統によって規定されているような祈祷の特質であるということである。

パワーズの見解は、人類学者の定義と並んで、一三世紀のエジプトの法学者であるシハブ・アル－ディン・アル・カラフィに関するシャーマン・ジャクソンの研究に基づいている。パワーズは、次のように書いている。「語られることのない内的現象であるから、この主観的な要素（意図）は、定義上、客観的な評価に使えない。カラフィの著作において考察されているように、この事実が意味し得ることの一つは、*ʻibādāt*（崇拝の規範）に、政府は関与できない、ということである。ジャクソンが示したように、*ʻibādāt* に必要で還元不可能な主観的要素である *niyya*（意図）に関するカラフィの見解は、宗教的実践に関する国家の正当な介入を制限しようとする彼の幅広い試みに寄与している。[48]」さらに、次のページでは、以下のように論じられている。「外的で明白な指示とのいかなる必然的な繋がりも持たないという、*ibādāt* における *niyya*（意図）の一般的な扱いを所与とすると、それを客観的分析に利用できないことは明らかである。*ibādāt* における *niyya*（意図）についてのわれわれの議論は、他者の主観的な状態について知る自らの能力の限界について、法学者たちが認識していたことを示している。[49]」しかし、統治権力

(46) ちなみに、アブラハムがそこに埋葬されていると信じられているので、ヘブロンのアラビア名は、*khalīl* である。
(47) Paul R. Powers, *Intent in Islamic Law: Motive and Meaning in Medieval Sunni Fiqh* (Leiden: Brill, 2006), 9–10.
(48) Powers, 58.

が真の崇拝に数えられるものとは何かを決定できないという点に関しては、祈祷者の意図が本質的に主観的で、アクセス不能であるからではなく、意図が儀礼的祈祷に本質的なものであり、それゆえ、それ全体を権威的には翻訳できないからだというのが、私の主張である。

実際、ジャクソンは、祈祷の主観的要素に接近することが不可能だから、宗教的実践に対する政府の干渉が制限されるとは言っていない。私が理解するところでは、彼の議論によれば、教養ある人々の間で崇拝の問題について確立したコンセンサスが存在しないから、政府が真の崇拝を規定する能力は制限されるのである。(50) いいかえれば、彼が言いたいのは、心理学的な不可能性ではなく、文法的な不可能性であり、この基盤の上に立って、政府の権威（暗に他の行為主体の権威も意味している）は、祈祷に関しては制限されていると言われているのである。この議論は、意図は、実際には純粋に主観的な現象ではなく、——言葉、行動、文脈の解釈を必要としている——公的に接近可能な構築物であるという主張と完全に一貫している。それが意味しているのは、私的な思考など存在しないということではなく、考えや意図を持つことは、社会的事実としての言語に依存しているということである。

正しい意図が、（ヴィトゲンシュタインであれば表出（avowal）と呼ぶであろう）儀礼的行為の一側面、つまり、儀礼を儀礼たらしめている何かであるとすると、パワーズは、外的な行動から切り離された、本質的に内面の精神の活動としての意図（*niyya*）について語ることは誤りであるという必要がある（が、実際には言っていない）。ここには法的な有効無効の問題は存在しない。法廷は、所与の祈祷行為を、それに不可欠な意図が欠けているという理由で無効であると宣言することはできない。しかし、それは、祈祷者だけが真の意図を知っているからではなく、適切に祈祷することは、神の前で崇拝の態度を学び育てるという問題であるからであり、それが、信仰あるムスリムの生活に含意されているからである。

もちろん、祈祷の実践は他者のいる場で行われるかもしれない。特に、金曜礼拝や、集まった人々が指導者（*imām*）の祈祷に唱和する、埋葬前の遺体に対する祈祷の場合には、そうである。しかし、子どもに正しい祈祷のしかた、詠唱のしかたと適切な体の動かし方を教える母親は、適切な態度を育てていくことを、直接間接に促しているのである。彼女は「本当の意図が何か知ることはできないので、それはできない」とは言わない（彼女は、子どもの言ったことや言い方に注意をすることで、嘘をついているかどうかがわかる）。親族、友人、教師は、礼拝者の意図に接近可能である。なぜなら、礼拝は、適切な意図（それゆえ、適切な礼拝の方法）を教える方法であるからである。儀礼的な祈祷において発声されるクルアーンの詩句の翻訳不可能性は、私的な思考への接近不可能性に関するものではなく、特定の種類の儀礼の編成に関するものである。

繰り返せば、イスラムの礼拝における意図が支配者と無関係であるとすれば、それは、いかなる環境においても、意図が主体以外の誰かによってはアクセスし得ないからではない。シャリーアのテキストによれば、礼拝における意図は礼拝者自身とその神との間の正しい関係の構築を目的とするはずのものであるからである。そして、このことは、祈祷の儀礼（*salāt*）だけでなく、あらゆる礼拝行為に適用さ

(49) Powers, 59.

(50) ジャクソンは、次のように書いている。「日に五回の祈りの場合には、アル・カラフィが護ろうとしているものは、例えば、*basmalah*、つまり冒頭章をすべて詠ずることなく祈祷する権利のように、他者と比較してもおそらく独特で、法学者の間でも争いがあるやり方で祈祷する権利である。こうした問題に関して、政府は介入し、特定の従順さの様式を共同体に強制する権威を持っていない。」Sherman A. Jackson, *Islamic Law and the State: The Constitutional Jurisprudence of Shihāb al-Dīn al-Qarāfī* (Leiden: Brill, 1996), 203.

れる。例えば、義務的な断食（*sawm*）の厳粛さや、義務的な慈善（*zakāt, sadaqa*）にも適用される。両者ともに、極めて日常的な形で実行される可能性のある行為である。

ラマダン月の間は日中の飲食を慎んだり、他人に対して自分の財産から何かを与えるといった日常的な慣習は、義務的な礼拝と同様に崇拝の一部である。その目的は、繰り返しによって、神に対する適切な態度、すなわち適切な意図、思考、感情を統合した関係を涵養することである。それは、法廷が決定する問題ではない。例えば、慈善（*zakāt*）は、神の存在を意識することで、施しを受ける側ではなく、施す側を変えることを目的としている。それは、施しを受ける側の感謝が期待される個人的な気前の良さの表現や、もっと言えば、単に「神の権利」（*haq allah*）と見なされているのではなく、礼拝者にとってその意味が所与である――道具的でも表出的でもある崇拝の形式的行動として見なされているのである。

付け加えて言うと、最近の価値ある歴史研究において、レナ・サライメは、次のように議論している。初期のイスラム共同体において、慈善税（*zakāt*）を支払うことは、アイデンティティを規定している「政治共同体のための」行為であり、――後にはそうなるのだが――「神のための」行為というだけではなかった。サライメは、この文脈やそれ以外の文脈における「信仰」に対する時代錯誤的な言及に反対し、注意を促しているという点では、正しい。「信仰」ではなく政治的権威に対する税の支払いが、共同体の一員としてのムスリムの定義に重要であるという彼女の主張は、それゆえ興味深い[51]。しかし、ここでの私の議論の関心は、国家によって要求される行為と神によって要求される行為との間の疑似法的な区別ではない[52]。私が関心を持っているのは、義務的な慈善（*zakāt*）や、義務的な祈祷（*salāt*）それ自体のような外的に観察可能な行為が、感情‐意志‐態度の鍛錬によって、崇拝の行為として現実化し得るのかどうか、そして、もしそうだとすれば、どのようにしてそうなるのか、ということである。私の関心は、(「真の経験や信念」を記述することはもちろんのこと)「真のムスリム」を定義するための神学的基準や、最初期のムスリム共同体に「所属する」ための政治的基準にあるわけではなく、*zakāt* が、本質的には社会的再配分の一様式であると見なされ、そう扱われるようになり、神を前にした時の態度の一部となることを志向しなくなった時に、「慈善」は世俗的な観念となり、それゆえ脱儀礼化した、ということである[(53)]。そして、その理解に中心的なことは、*irāda*(意志/意図)は、ある行為の心理的な原因ではなく、それ自体が礼拝行為の構成物であり、礼拝を統合するだけでなく、礼拝者自身を統合する助けとなるという考え方である。

意志/意図へのアクセス可能性に関しては、次のことを注記すべきかもしれない。離婚や商取引のよ

---

(51) Lena Salaymeh, "Taxing Citizens: Socio-Legal Constructions of Late Antique Muslim Identity," *Islamic Law and Society* 23, no. 4 (2016): 333-367.

(52) サライメは、次のように論じている。「イスラムの慈善税は、宗教と世俗の近代的な分岐にうまく適合しない。慈善税を宗教という近代的なカテゴリーから移動して、その歴史的環境の中に置いて初めて、その意味の複数性を認識することができる。古代後期の法学的権威の多くは、二級市民にも慈善税を支払うことを求めた――しかし、奴隷には要求しなかった――が、その理由は、信仰ではなく、市民権が支払いの義務を生じさせているからである。とはいえ、慈善税は、神に対するものと政治体に対するものの単なる「混合」ではない。それは、イスラムの法と統治の切り離すことのできない繋がりの表明なのである。」(Salaymeh, 354)

(53) *zakāt* に関する現代イスラムの興味深い説明については、エジプトとトルコにおける慈善団体に関するシーハン・チュガルの研究(Cihan Tuğal, *Caring for the Poor: Islamic and Christian Benevolence in a Liberal World* (New York: Routledge, 2017))を参照。

うな個人間の関係（パワーズの著書の後半部分で扱われる問題）においては、意図は実際にアクセス可能である。それは適切な証拠に基づいて、法廷における判決で決定される。いいかえれば、権利と義務や、それに基づく対立する主張に関して決定がなされなければならない場合の意図／意志の文法は、祈祷における文法とは異なっている。その場合には、主観的であるからといってアクセス不可能ではないのである。

もちろん、規定された祈祷の行為においても、複数の意図が働くことはあり得る。例えば、祈祷者は、自らの宗教的義務を実践することに加えて、両親を喜ばせようとしているのかもしれない。その場合、意図された行為の意味は、祈祷それ自体によって本質的に統合されるのではなく、行為者によって予期された結果と同一視されるのであり、そうした意図は、祈祷の価値を損なうこともあれば、そうでない時もある。

この二つの意味の区別は徳倫理学においては決定的である。というのは、それは、意図を方向付け直すという個人の思考の過程によって、あらゆる行為を、それがいかに非難に値する行為であっても、正当化することを認める可能性があるからである。エリザベス・アンスコムが論じているように、倫理や政治の領域において――そして政治倫理の領域においても――、私的な心的出来事として志向性を理解することは、破滅的である。彼女は、次のように書いている。

一七世紀から今日まで、デカルト的心理学とでも呼ぶべきものが、哲学者と神学者の思考を支配している。この心理学によれば、意図は、任意に作り出し得る精神の内的行為である。そこで、行為の善悪を決定するに際して、もし意図が――それ自体として――重要なもののすべてであれば、その時には、意図とは何かということに関するこの理論によって、あらゆる行為を合法にする素晴らしい方法が提供されるだろう。なすべきことは、適切な方法で「意図を方向付ける」ことだけである。このことは、実際には、自らに「私が行為することによって意味しているのは、……」とささやきかけることを意味している。(54)

そして、彼女は、戦時の行動に言及することで結論としている。「同様の教説が、都市を消滅させるような爆撃についてのあらゆる疑問を拒絶する時に用いられる。敬虔なカトリックの爆撃手たちは、それが生んだすべての無辜の流血は「偶然的なものである」という「意図の方向付け」によって保護されている。……自分が選んだ目的に対して自分が採用した手段で行ったことについて、意図していなかったふりをするのは、馬鹿げている。さもなければ、善がもたらされるとしても、悪をなしてはならない、というパウロの教えは完全に実質を失ってしまうだろう。(55)」

マニュアルによって特定される意図／欲望は、祈祷の行為を構造化し、道具的（目的を持った行為）であると同時に表出的（欲望の表出）なものとするために本質的である。もちろん、意図的に他者を騙すことはできるが、そうした欺瞞は、公的に理解可能でアクセス可能な行為（言葉、行動など）に寄生するものである。そして、祈祷の行為においては、欺瞞は、他の人間の人格だけに向け得るものであり、騙すことができないと信者によって想定されている神に対しては向け得ない。それゆえ、祈祷において騙す

(54) Elizabeth Anscombe, "War and Murder: The Use of Violence by Rulers," in *Ethics, Religion and Politics*, 58–59.
(55) Anscombe, 59.

ことはできないが、適切な意図を持てないことはあり得る。

実際、歴史を見ると、意図を特定する様々な方法が存在した。中世キリスト教の肉の告白、フロイトの精神分析、中世や近代の拷問、「意図的な」行為と「無謀な」行為との近代法における区別、親子間関係や愛人間関係などの個人的な関係である。これらすべての場合において、独特の理論と技術に訴えることによって、そして、言葉の中の沈黙や強調への詳細な注意によって、真実にアクセスすることが可能である。意図が祈祷を明確にするという限りでは、それは本質的に私的なものでもないが、厳密な意味での公的なものでもない。それは、現実化された実践、すなわち、神に向かうと同時に、適切な学びと判断を可能にする社会的にアクセス可能な基準を用いることなのである。それゆえ、パワーズがおそらくそうであるように、意図を私的な思考（私的な意味）と混同してはならない。ヴィトゲンシュタインが指摘したように、「「規則に従うこと」は実践である。そして、自分が規則に従っていると思考することは、規則に従っていることではない。だから、「私的に」規則に従うことはできない。私的に従うことが可能なら、規則に従っていると思考すれば、規則に従っていることになるのだから[56]」。意図は、主観に基づいて実行される規則の私的な理解ではないし、それゆえ、アクセス不可能な状態でもない。

IX

「意志」は完全に自由な内なる領域にあるものであり、意図がそれに方向を与えるという観念は、比較的最近のものである。その観念は、理性と情緒、表出する行為と何かを原理的なものとして生じさせる行為との対置を前提としている[57]。より古い理解によれば、「意志」と「意図」は特定の行為を構築する助けとなるものであり、それぞれが、公的な場でどのように行動し語るかを反映した、行為主体の感情や情念によって形成されるものである。意志、意図、欲望は、行動の様相と見なされるべきであって、原因と見なされるべきではない。観察者が誰かの行動を畏敬の念に満ちたもの（あるいは勇気あるものとか悪意あるもの）として同定する時、それは、特別な何かが、言説や行為と結びついているからであり、行為者の心理における何か（「意図」）が、それに先行し、それを引き起こしているからではない。

もちろん古い語彙は廃棄されたわけではない。社会的な目的に必要な場合には、新しい語彙に加えて、古い語彙も使用可能なものとされる。例えば、白人アメリカ人のスティーブン・パドックが、ラスベガスでの虐殺を実行した時、「精神的に錯乱している」と記述されたことがあった。そして、彼が自殺したため、法的な責任の問題は形式的には問われなかった。それは、明らかに動機を欠いた殺人であったため、殺人者の脳の死後検証が行われた[58]。他方で、ウズベキスタンの移民であるサイフロ・サイポフが、ニューヨークの歩道に車を乗り上げて多くの人々を殺害した時には、「アラー・アクバル（神は偉大なり）」と彼が叫ぶ声が、衝突する少し前に聞かれていた。この叫びは、「ＩＳＩＳの影響を受けている」証拠であるがゆえに、彼はテロリストと見なされた。それは、彼の意図を証明するものであり、彼が自

(56) Wittgenstein, *Philosophical Investigations*, sec. 202.〔邦訳一五六頁〕

(57) Antony Flew and Godfrey Vesey, *Agency and Necessity* (Oxford: Basil Blackwell, 1987), 7 および、John Cottingham, *Philosophy and the Good Life: Reason and the Passions in Greek, Cartesian and Psychoanalytic Ethics* (Cambridge: Cambridge University Press, 1998), 101 を参照。

(58) Sheri Fink, "Las Vegas Gunman's Brain Will Be Scrutinized for Clues to the Killing," *New York Times*, October 26, 2017 を参照。

由に、かつ意志をもって行為したことを示すものであり、それゆえ自らの行為に対する責任があるとされたのである。(59)

人間の意図と意志を、本質的に内的な現象であり、行為に因果的に先行しており、それゆえ直接にはアクセス可能ではないものとして語る傾向は、多くの理論に見られるが、そこから出来事の因果性の言語が発展する。それは、行為主体の責任の言語と時に競合するものである。前者は非人間的な世界の物理的な法則に依拠しており、後者は意志の自由、つまり、その本質が内的に位置づけられ、それゆえ、語られた言葉や観察可能な行為に先行している自我にその根拠をおいている。ガザーリーの見解と同様、古典的な見解においては、情念と意志、意図と欲望、身体と精神は、善き行為や悪しき行為の中に結合している。それが、そうした行為に対して責任があるとされる理由である。

初期近代以来、「因果性」の意味と現実についての議論は継続的に行われていたので、意志と意図の理解に関わるこうした重大な歴史的変化の起源が、単一の時点に求められないのは当然である。しかし、概念史学者たちは、ルネ・デカルトをはじめとする一七世紀の哲学者たちが、古代の用法からのこの大きな変化に貢献したことを指摘している。例えば、一七世紀のヨーロッパに現れた新しいコスモロジーは、人間の身体を機械的世界の一部とすることで、自我に対して「異質なもの」とし、機械的世界のあらゆるものと同様の技術的支配の対象とした。これに対して、ストア派やエピクロス主義者といったそれ以前の思想家にとって、意志とは、媒介的な物理的出来事に還元できるものではなく、特定の目的に対する好ましい態度の獲得を象徴する方法であると見なされていた。(60)

ここでの要点は、内的な原因と結果という心理学的なダイナミクスを記述する言語への移行が、「行動の世俗的説明」と人々が呼ぶであろうものに訴える領域の拡大の一つの契機であるということである。

この移行の興味深い例の一つは、法廷における世俗的手続における、狂気に訴えた弁護の歴史に見出すことができる。一八世紀初めから一九世紀半ばにかけて、自由な「良心」と自由な「意志」に根ざす「善悪を識別すること」という概念が、アングロ‐アメリカ法において確立された。やや後の「精神障害」という物質的決定論に依拠した概念や、「理非弁別能力の欠如」として記述されるようになる他の諸形態とともに、それは、「意志に基づく」という意味での意図の十全な説明の前提条件であり、それゆえ、刑事法的責任を行為主体に帰属させるための前提条件となった。いいかえれば、近代法は「意図」をアクセス不可能なものとして扱ってはいないが、それにアクセスするために、法廷は精神医学という世俗の学問の助けを求めなければならず、それによって、内的な因果的機能としての意志と意図が損なわれていて、法的責任が軽減されないかどうか――もしそうなら、どの程度なのか――を説明しなければならないのである。二〇世紀の半ばには、犯罪行為の意図性に関して、精神医学だけでなく精神分析理論を利用することさえ、ほとんど標準的になった。(61)

近代の個人は、自分の望む方向に行為を導くことができるという能力だけでなく、翻訳と再記述とい

(59) *Oxford English Dictionary* に収録された motive という語の様々な用法を見ても、このことは明らかである。「「動かす」、すなわち、ある人をある方向に行動するように導く：ある人の選択に影響を与えたり、影響を与えがちな欲望、恐怖その他の感情、もしくは理性による考慮：選択に影響を与えがちな欲望の対象となる熟慮された結果や対象。一七‐一八世紀の著者は、普通、「動機に基づいて行動する（acting on a motive)」と言った。通常は前置詞 from に伴われるが、時に with または for が用いられることもある。」

(60) ちなみに、この有名な機械論的モデルにもかかわらず、デカルトは、後期の著作において、感情が中心的な位置を占める人類学に基づいて、精神と物質の単純な二元論を超越する倫理を展開し始めていたと論じられている。Cottingham, *Philosophy and the Good Life*, 87n52 を参照。

う内的な行為の帰結として現実の行為を正当化する点でも、自らの個人的な自由（その自由意志）を示すものと考えられている。この個人的な自由の観念は、伝統を必要としていない。

X

ザネーが「言語は、文化の本質的で明確な表現である」と書いた時、明示的ではないにせよ彼が意味していたのは、言語における変化は生活様式における変化と密接に関係しているということである。「意志」のような言葉の用法の変化は、人々の関係とお互いについての理解が変化した方向をも示している。それゆえ、言語が近代キリスト教の生の構想に順応して変化する場合、生活様式だけでなく、身体とその感覚も変わっているのである。その重要な側面の一つは、「真の（real）」自己（主観性）と伝統的な自己、つまり「外見的な（apparent）」自己との区別であり、もう一つは、身体の物質性と意味産出的な精神の明確な区別である。

「真の」自己とその外見的な現れという言語は、それ自体、世俗の発展の可能性を作り出した一六世紀から一七世紀のヨーロッパ・キリスト教の諸改革に密接に関係している。一六世紀の宗教改革の大混乱以降、典礼や儀礼は、一般的には批判と攻撃の対象となった。それは、迷信と見なされるようになったものを廃止し、典礼の内容を新しい神学的教説に合わせて修正するためであった。一八世紀の終わりまでには、儀礼に対するまったく異なる態度が結晶化したが、そこでは、宗教的経験や詩だけでなく、人間関係や消費の欲望に関しても、自発性に高い価値がおかれた。一六世紀のジョン・バニヤンから一八世紀後半のウィリアム・ワーズワースにいたる感情と世俗主義に関する豊かな説明において、ロリ・

ブランチは、詩の世俗的な概念が、儀礼的な反復と共同実践から感情的な真実の吐露へとどのようにして変わったか、そして、それはなぜかを問うている。彼女は次のように書いている。「キリスト教的な崇拝の歴史、一五〇〇年にわたって進化してきた典礼の伝統が、突然、今日のテレビ伝道やメガチャーチにも息づいている自由祈祷の発露を原理的に擁護する議論に直面することになったのは、いかにしてであろうか。」[62]彼女は、この疑問に単一の起源を特定する形で答えることはできない点を強調している。そして、変化の背景にある広範な議論や、言説の発展を列挙している。

ブランチの記述によれば、自発性に価値を与える思考の過程では、自己の成長を促す伝統から——そしてまた行為と社会的関係としての信仰からも——宗教が除去され、内的な心理学的状態に基礎づけられた。しかし、彼女によれば、「儀礼と信仰は自発的な応答という想像された世俗的空間のうちに姿を

(61)「一九四九年から一九五三年にかけて、イギリスの王立委員会が死刑問題について検討した時、狂気であるという弁護や、精神病理と犯罪や処罰の関係に関するものがその最終レポートの優に四分の一を占めていた。」Thomas Maeder, *Crime and Madness: The Origins and Evolution of the Insanity Defense* (New York: Harper and Row, 1985), 74. メーダーは、イギリスとアメリカにおける、狂気に基づく弁護の複雑な歴史の説明を行っている。「善と悪を区別する」という原則を公式に確立した一八世紀のある事例の説明については、Richard Moran, *Knowing Right from Wrong: The Insanity Defense of Daniel McNaughtan* (New York: Free Press, 1981) を参照。ジャネット・アン・ティーグは、「責任の問題——アメリカ犯罪精神医学の発展 一八八三 - 一九三〇」と題された、興味深い博士論文を執筆したが、残念なことにまだ出版されていない。Janet Ann Tighe, *A Question of Responsibility: The Development of American Forensic Psychiatry, 1838–1930* (University of Pennsylvania, 1983).

(62) Lori Branch, *Rituals of Spontaneity* (Waco, Texas: Baylor University Press), 2-3.

消したわけではない。しかし、決定的に自然化され、不可視化され、それに対する抵抗行動や信頼できる別の想像に、徐々に従わなくなる[63]」。すなわち、新たな儀礼が発明されたのだが、それは「儀礼」として考えられてはいない。その儀礼性は、「自由祈祷」自体の強迫性にもっとも顕著であるが、自己吟味の過度の強調や喜びと悲しみの形式化された表現なども、それに相当する。しかし、規定された儀式が正しく実行されたかどうかは特定しやすいが、自由祈祷によって真の信仰を特定することは容易ではないので、この場合には、真正性(authenticity)に対する不安が必然的に生まれてくる。この新しい宗教性の形式に付随する重要なものは、自発的な祈祷に対する指導書の登場であり、信者はそこに、破滅的な懐疑が生じて祈祷できない時にも唱えることのできる聖書のフレーズをまとめておくのである。彼女は次のように書いている。「自発性の物語を慎重に追っていくと、世俗的な主体と宗教的な主体の間の気付かれない差異を強調することになる一方で、最終的には、この二つの主体という一般に前提とされている区別に疑問を抱くようになる。そして、最後には、曖昧さがなく、それゆえ信仰という脆弱な部分を伴っていない世俗の空間という観念は、啓蒙やそれが生成した宗教の近代的な形態によって構築された(そしてジェンダー化された)幻想ではないのではないのか、という驚くべき疑問に到達する。[64]」この言明は、真正性の強迫観念によって突き動かされる新しい種類の「信仰」に焦点を置いている点で、ことに鋭いものであると私には思える。

XI

しかし、ここで次のような異論があるかもしれない。つまり、真正性(その起源を理由として、何かが真あるいは本物であるとする感覚）は、伝統の場合でも同じように強迫観念ではないのか、という異論である。そしてまた、「伝統の発明」に焦点を置くことの方が、歴史的批判のより重要な点ではないのではないか、という疑問である。[65]

そこで最後に、私の「言説的伝統（discursive tradition）」という言葉の用法について、簡単に説明しておきたい。それが意図しているのは、善なる行動、思考、感覚を繰り返し演じること（ガザーリーのいう「魂の鍛錬」）によって、言語が、生きている身体の感覚を指示し、正当化し、そこに浸透していく方法に焦点を当てることである。ある重要な意味において、伝統は生きるという行為と結びついている。しかし、言説的伝統は、過去の実践的な側面が、どのようにして現在に再生産され得たり、され得なかったりするのかについての言明を作り出す。これは真正性への関心だと考えるかもしれないが、伝統的実践の真正性は、「自由意志」を行使するアイデンティティの真正性と同じではない。前者、すなわち言説的伝統の真正性は、時間の問題と関連している。つまり、伝統にとって本質的なものが過去と現在に同時に存在しているかどうか、伝統の中の何かが依然として適切に伝統に属しているかどうかという問題である。後者すなわち「自由意志」の真正性は、真の行為主体は誰かを決定するという問題である。過去の権威の想起は、解釈の問題であり、過去を現在へと翻訳するという問題である。それは、必然的に

(63) Branch, 6.
(64) Branch, 22.
(65) この視点の人類学におけるもっとも有名な例は、Eric Hobsbawm and Terence Ranger, eds., *The Invention of Tradition* (Cambridge: Cambridge University Press, 1983)〔前川啓治・梶原景昭訳、『創られた伝統』紀伊國屋書店、一九九二年〕である。

現在に特有の潜在力と欲望とを含んでいる。逆に、何かが言説的伝統に属しているかどうかについての議論（例えば、近代国家はイスラムの伝統と整合的であるかどうかについての議論）は、その伝統の一員として参加している者の場合と、それとは対照的に、自分の生活には直接の意義を持たない「客観的構築」としてその伝統に関わっている者の場合では、知的意味も実践的意味も異なっている。もちろん、言説的伝統に関与していない者には、それを批判する資格はないというつもりはないが。

私の用法では、言説的伝統は、宗教の同義語、あるいは、世俗的自由の欠如の同義語である。それは、共有された遺産を志向する者が——あるいはそれを拒絶する者が——複数の時間性に関与しようとする試みを示すものである。言説性（discursivity）——言語の冷静な／熱狂的な使用と感覚によるその受容——は、何を伝統的な規範と信じているかということと、現在いかに生きるべきかということの分裂に由来する不安の感覚にその根源を持っている。その水準では、内部と外部はなく、意識された緊張が解決を求めているだけである。言説的伝統の改革の試みは、これまで「外部」と考えられていたものが、実は「内部」にある——少なくとも潜在的には常にその一部である——と、ムスリムが他者を説得しようとする問題に他ならない。それは通常、クルアーンと預言者ムハンマドのスンナ（伝統）に始まる伝統の歴史の中で、（時間を越えて拡大された行為の共同体によって）権威の源泉とされてきた言行の解釈に訴えて、伝統の本質を守るために、所与の実践や教義の偶然性（それゆえ代替可能性）を論じることによってなされる。伝統は、願望、感受性、感じ取られた義務、同じ世界の複数の時代に生き、行動した諸主体の関係の集合であり、その結果、異論の可能性が生じる。

ほぼ間違いなく、「真正性」も「無条件の服従」も、意識的な判断を意味しており、その限りにおいて、私が使う意味での伝統に属してはいない。しかし、言説的伝統自体は法ではない。（クルアーンと預言者の伝統から基本的には引き出される）シャリーアは、法的な伝統として語られるし、イスラム生活の中心的な遺産として語られる。しかし、それは近代社会で理解され実践されている意味の「法」とは異なる。例えば、伝統としてのイスラム法についての最近の論考で、アーメド・フェクリー・イブラヒムは、次のことを正しく強調している。

　イスラム法（シャリーア）は、エチケット、衛生状態、祈祷などの儀礼に関する規則と倫理に関する規則を含んでいる点で、他の法体系とは異なる。国家の強制的権力が法の多くの側面への服従を確保するために動員されるが、儀礼や倫理に関する規則の中には、その違反に対してどのような処罰手段もとられないものもある。それゆえ、イスラム法の第一の関心事は、自己への配慮である。例えば刑事法に見られるような、イスラム法の厳格で処罰的な法の側面でさえ、ムスリムにとっては、この世での帰結よりも深刻に受け止めなければならない終末論的な帰結を伴っているのである。(66)

しかし、シャリーアは、崇拝の規則を含んでいるから、また、規則違反に対する来世における処罰が——敬虔な信者にとって——現世での帰結よりも重要であるから、近代世俗法の作用を超えている、というだけではない。その違いは、シャリーアの根本的な規範理解（*usūl al-fiqh*）に関する認識論的問題が、例えばコモン・魂への配慮を明確にする方法の中核をなしている点にもある。（正統性の基本的な問題が、

(66) Ahmed Fekry Ibrahim, "The Sunni Legal Tradition: An Overview of Pluralism, Formalism, and Reform," in Sustainable Diversity in *Law: Essays in Memory of H. Patrick Glenn*, ed. Helge Dedek (Oxford: Oxford University Press, 2018).

ロー と制定法の間で起きるような制度的なものとして生じる）近代法と異なって、イスラム法学にとっての規範の妥当性は、本質的に認識論的なものであり、それと起源を同じくする学問である神学と文法学に依存している。(67)

それゆえ、私が言説的伝統と呼ぶものは、意味の定義に焦点を置くのではなく、ある重要な意味において、魂の鍛錬の過程で教えられ規律訓練される行動の慣習と感性に焦点を当てている。様々な概念の定義や正当化の行為が向けられているのは、まさにこの点に対してである。中世の有力な神学者であったイブン・タイミーヤは、有名なギリシア論理の批判の中で、次のように論じている。知的であれ実践的であれ、異なる職業に属している者は、自分たちがどのようにすべきかを理解しており、何が自分たちの職業にとって適切かを語ることができる限り、自分たちの概念（*taṣawwurāt*）を抽象化し、定義し、具体化する必要はない。(68)ここで意味されているのは、それぞれ職業にとっての伝統とは、抽象化され、正しく適用される一連の観念であるだけでなく、文脈に埋め込まれた慣習でもあるということである。それは、時間を越えた共同体の中で学ばれ、そこに住まうようになる。その慣習には、言語的慣習（*'urf qawlī*）と行動的慣習（*'urf 'amalī*）の両方が含まれている。そうした慣習の適切な実施は、（理性の産物である）規則と抽象的な概念に決定的に依存しているのではなく、方法に関する学びと、それが適切になされたことを確認し得る共同体（の文脈的な理由付け）に依存している。言語は、コミュニケーションの単なる一手段であったことはないし、コミュニケーション――さらにいえば、他のあらゆる「機能」――が、言語に本質的であったこともない。

イブン・タイミーヤが論じているように、論証の妥当性自体が、個人を統合している感性、慣習、関係に――したがってまた、彼らの生において意味を持つものは何かということに――決定的に依存しているのであり、普遍化された論理に依存しているのではない。改革が必要だと感じられる時には、伝統の本質――その中に住んでいる人々にとって本質的と見なされているもの――は変えるべきではなく、解釈と翻訳によって守られるべきであるということが、明示的であれ黙示的であれ、前提されている。伝統は、ある宗教にとって「本質的」なものについての宣言が行われ、それが確定される時間を常に伴っていると言えるかもしれない。「本質」は、それ自体が議論の主題であるので、中立的に決定可能ではない。生きた伝統とは、単に対立と不同意を含み得るというだけではない。本質的なものの探求は、それ自体議論を誘発する。それゆえ、「本質」についての関心は、「真正性」についての関心とまったく同じというわけではない。

(67) Aron Zysow, *The Economy of Certainty: An Introduction to the Typology of Islamic Legal Theory* (Atlanta: Lockwood, 2013) を参照。

(68) 原著の関連する部分は、以下のとおりである。*'inna al-umama jamī'ahum min 'ahl al-' ulūmi wa-l- maqālāt wa 'ahl al-a' māl wa-ssinā' āt ya'rifūna al-' umūr allatī yahtājūn 'ila ma'rifatihā wa yuhaqqiqūna mā yu 'ānūnahu min al-' ulūm wa-l- ' a'māl min ghayr takallam bi-hadd* [*mantiqiy*]. イブン・タイミーヤの著作 Ibn Taymiyya, *Nasīhat ahl al-īman fi al-radd 'ala mantiq al-yunān* のジャラル・アル－ディン・アル－スユティによる短縮版 (Jalal al-Din al-Suyuti, *Juhd al-qarīha fi tajrīd al-nasīha* [Beirut: al-Maktabat al-' Asriyya, 2009], 29)。スユティの短縮版は、ワエル・ハラックによって、Wael Hallaq, *Ibn Taymiyya Against the Greek Logicians* (Oxford: Clarendon, 1993) として翻訳された。その、特に七を参照。関連する部分の翻訳に際して、イブン・タイミーヤの膨大な著作の抜粋を集めた下記の著作に倣って、*mantiqiy*（「論理的な」）を *hadd*（「定義」）の前に角括弧付きで付加した。Abdur-Rahman bin Nasir al-Sa' di, *Tarīq al-wasūl ila al-' ilm al-ma'mūl* (Alexandria: Dar al-Basirah, n.d.).

しかし、「現実にそうである世界」に適合させるための改革の要求は、必然的に、その要求を生み出しているものは何かという疑問に突き当たる。改革の欲望は、現世の利益という考えによって作動しているのであろうか、それとも、伝統がこの世に対して意味を持たなくなることを防ぎたいという願望から生じるものなのであろうか。動機が何であれ——そしてもちろん、変化を擁護したり、それに抵抗するには様々な理由がある——、過去を含んでいる場合もいない場合も、「現実世界」に適合するという要求は、それ自体では合理的な行為の基準にはなり得ない、ということは正当であろう。

要約すれば、伝統と系譜学との間の、偶然的なものと本質的なものとの間の、批判と魂の鍛錬との間の和解不可能な対立は存在していない。「伝統を純化する」という試み自体が、系譜学的な議論から引き出され、偶然的なものを指し示し、時間を越えて現れる両義性を利用する。系譜学的な批判は、時に想定されるような、基礎づけの全面的な否定ではない。その基礎は、「この瞬間」である。それは、人が、考え、行為し、生きる場であり、過去と未来を考察する場である。時間の中で、理性に注意をはらうことと適切な反復は、主体の頑固さやかたくなさ（*ʻisyan*）を、伝統の言語によって導かれ、周知された正しい行動へと変換する。それもまた、この瞬間に属している。自発性は、「真の」自己から生じたという根拠だけで真実性を主張する行動であり、その意味で、伝統による規律とは対極に位置している。

XII

「言語」はそれが運ぶ「メッセージ」と切り離し得ない。そして、そのメッセージは単に認知的なものではない。ヴィトゲンシュタインが述べたように、（ある発話の）意味を探すのではなく、その用法を見なければならない。つまり、主体がどのように言語を用いるかということだけでなく、言語が主体をどのように用いるかを見るべきなのである。多くの言語学者とは異なり、言語の「主要な目的」なるものは存在しないことを、ここまで論じてきた。クルアーンの構想を感覚ある身体に翻訳すること（特に儀礼的な祈祷で発声すること）は、クルアーンの言語によって可能になっていると同時に、クルアーンの中心的な徳を教えようとする補足的な言説によって可能になっている。そして、ここでのクルアーンの言語の主要な目的は、コミュニケートすることだけではなく、——親族、友人、教師の助けを借りて——ある過程を形成することであり、そこではコミュニケーションはもちろん一つの要素ではあるが、それだけを「抽象化」することはできない。キリスト教の聖書が、例外的に、典礼のために様々な言語に翻訳されてきたことを指摘したラミン・ザネーやウィラード・オクストビーのような人々にとって、こうした考えは、キリスト教徒の実際の生き方に関して、聖書が徐々に意味を失いつつある理由を示すものかもしれない(69)。ともあれ、人々が実際にどのような種類の生活を送っているかを、彼らが表明するキリスト教の信仰だけに基づいて議論することは、ほとんど不可能である。

自然言語と異なって、数という言語は抽象的であるから、それが用いられている生活様式とは独立であり、実際、これが科学的な知識の領域における偉大な成功の理由であるとも考えられる。しかし、言語は近代の集合的生活に不可欠なものであるだけではなく、その性格の形成にも決定的な意味を持っている。抽象化は、それ自体行為である。確率理論を含めて、あの抽象的な言語に中心的なものは、（「真

(69)「言語の多様性は文化的な貴重品であるが、言語の第一義的な機能、つまりコミュニケーションの障害でもある。」Willard G. Oxtoby, “‘Telling in Their Own Tongues’: Old and Modern Bible Translations as Expressions of Ethnic Cultural Identity,” *Concilium*, 1995.

正の」自己とその「公的な」現れの区別を含めて）世界を記号の提示として読むことから、主体が生きている世界の再構成への移行である。つまり、近代国家と発展した資本主義、そして、その両者が依存する科学と技術によって、世界を作り直すことである。ある重要な意味において、数を用いる世俗理性の主要言語は、それが抽象化されてきた世界への配慮を必要としていない。世俗理性は、リスクを危険としてだけでなく、知識、富、権力を継続的に増加させる機会として扱うのである。

第三章　仮面・安全・数の言語

　この最終章では、言語的翻訳と数的な翻訳のある側面を、近代国民国家との関係で検討する。最初に、私的で真正な自己と自己の公的に提示された行為との区別の形式的な表現として儀礼を記述してきた、現代の民族学者と社会学者が検討される。この区別は、記号としての仮面の提示とその解読に決定的に依存している。次に、仮面をつけることと仮面を解読することが、初期近代における君主の地位の重要な特徴であることを跡づけ、近代国家権力におけるその役割を検討する。この問題は、近代社会における疑いとパラノイアの議論へと続き、そこからさらに特定の種類のパラノイア、すなわち国民国家の連帯性への背信と政府が見なすこと、すなわち政治的反逆の記号の探索というパラノイアへと議論は展開する。国民の連帯を守っているのは、「人民」それ自体ではなく、選出された政府による国家権力の行使であるからである。しかし、近代国家の権力は、数的言語という特定の言語の使用に依存している。このことは、保険という、近代国家における連帯の重要な様相に典型的に示されている。そして、民主的な国民国家におけるもっとも重要な数への関心を検討することで、結論としたい。それは、人口学的多数派と人口学的少数派の区別である。国民国家は、後者でなく、前者に帰属していると想定されている。国民国家が本質的に帰属しているものに対するこの関心、その本質的性格に対する関心は、国家の主張を補強する形で民族の起源を翻訳する言説にもまた表明されている。

そして、最後に述べたいのは、国民国家を越える、憂慮すべき発展の始まりが今日目撃されつつある、ということである。それは、記号としての生、つまり、計算可能で翻訳可能な情報としての生である。

I

そのカテゴリーが人類学で初めて問題化されたのは、マルセル・モースの有名な最後の論文「人間精神の一つの範疇・人格の観念、《自己》の観念」においてであった(1)。その目的は、研究者たちに、次の事実を警告することであった。つまり、「自己（moi）」という言葉の用法――すなわち「自己」という観念の用法――と、そこから派生した「自己崇拝」「自尊」「他者への尊敬」といった――今日では「尊厳」の尊重と呼ばれている――観念は、すべて非常に新しいものであるということである。モースは、人格（person）という概念を古典古代のラテン語から跡づけているが、そこでは、人格は、現実の遮蔽物であると同時に情念の表現でもある「仮面」を意味していた。中世のキリスト教的観念を介して、そこに（三位一体の三つの人格の統一性やキリストの二つの本性といった）形而上学的な次元が加わり、さらに（ロックの法的人格、つまり、責任の継続的主体という）近代的な観念へと変わっていった。モースの主張によれば、キリスト教的な人格の観念は、今日でもわれわれの世俗的な自己のカテゴリーの基礎である。しかし、私が示したいと思うのは、ローマ人のいう仮面（モースが「悲劇の仮面、儀礼の仮面、先祖の仮面」として指摘したもの）は、彼が考える以上に、われわれの近代的な生活と政治にとって重要であるということである。自己が自律的で、本性上自己利益を求めるものだとすると、不確実な――そしておそらく不正な――世界において、仮面自体が保護と交渉の手助けとして役立つ理由は理解できる。しかし、相手方からみると、仮面は、適切に解読し、翻訳し、応答しなければならないものとなる。

仮面は、「人格」の系譜の一部であり、それゆえ、近代哲学が強い関心を寄せた主題である、内面と外面という二側面を複製した二重性の表現である。つまり、精神と身体（前者だけが主体に直接にアクセスできる）、個人的なものと関係的なもの（前者は行為主体として、後者は社会的な制約や交渉の過程として）、私的なものと公的なもの（それぞれが異なった政治的、倫理的、認識論的地位を示す）といった二重性である。(2) 人類学者の間では、こうした二重性は、儀礼と文化を理論化する際に、そして、翻訳の実践一般において、重要な役割を演じてきた。

意味は公的なものであるという（しばしば一種の行動主義と誤解される）ヴィトゲンシュタインのよく知られた主張は、多くの人類学者の見解と共鳴している。(3) 彼の仕事を知っている人なら、前章で私が意図の問題を議論するために用いたのは、その洞察であることがわかるだろう。しかし、ヴィトゲンシュ

（1） モースの論文は、一九三八年にフランスで行われた、イギリス人の聴衆に対する講演を元にしている。原文は、没後に下記の論集に収められた。*Marcel Mauss: Sociologie at anthropologie*, ed. Claude Levi-Strauss (Paris: Presses Universitaires de France, 1960), 333-62.〔有地亨訳、『社会学と人類学Ⅱ』弘文堂、一九七三年、七三－一二〇頁〕

（2） アボウ・ファーマンは、重要な論考の中で、これらを含めた、身体の近代的把握を構成している二重性の根底にある緊張について検討している。Abou Farman, "Speculative Matter: Secular Bodies, Minds, and Persons," *Cultural Anthropology* 28, no 4, (2013).

（3） ヴィトゲンシュタインの影響を受けた著名な人類学者としては、ヴィーナ・ダス（Veena Das）を挙げることができる。

タインが人類学に示したより重要な問題は、生活のすべてが解釈されるわけではないということである。ヴィトゲンシュタインは、解釈（あるいは「翻訳」）はある形式を別の形式に置き換える過程であるという。解釈と翻訳の解釈学的実践は、ヤコブソンもまた注意したように、記号を扱う。「文化」がものごとのやり方を学ぶ継承された方法としてではなく、意味ある記号の空間と見なされる時には、民族学者によって研究される生は、解釈され翻訳される一種のテキストと見なされるようになるだろう。例えば、クリフォード・ギアーツは、よく知られた論文の中で、次のように書いている。「民族学という営みは、（「読みを構築する」という意味で）原稿を読もうとするようなものである。――外国の、曖昧な、省略に満ちた、一貫しない、疑わしい修正のある、偏った注釈のある、しかし、慣習化された音声の書記体で書かれているのではなく、形ある行動という一時的な例で書かれている原稿である。[4]」前章で示したように、私はこの見解を極めて問題があるものと考えている。

Ⅱ

多くの著作の中で、モーリス・ブロックは、言説的な慣習は、社会的服従の諸形態を、仮面をつけることで隠蔽するものであり、子どもが礼儀正しく、丁寧であるように教えられること、つまり、子どもが伝統的なマナーを学ぶことは、（ブロックが民族学的なフィールドワークを行ったマダガスカルでも、彼が生活の本拠とし教鞭も執ったイングランドでも）実際には制約に服することなのである、と論じている。[5]だから、大人が、毎日のやりとりの過程や公式の政治的機会に見せる礼儀正しさは、実際には、仮面を巧みに用いることによる、社会的権力の行使の一つの例なのである。ここで考えられているのは、慣習によって、真の自己が真正でない形で行動するように強制される、という事態である。[6] それによって、ブロックは、宗教的な儀礼と世俗の自由を両極とする、一次元的な連続体という定式化を提示する。[7] もっとも支配されている状態からもっとも自由な状態の間にある自己という観念を用いると、儀礼の世俗化を理解することが可能になる。なぜなら、儀礼は慣習とあるものを共有しているからである。それは、同定可能性と反復可能性である。ブロックによれば、強制が行使されるのは、まさに形式化を通してである。彼は、次のように書いている。「形式化された言語、伝統的な権威の言語は、貧弱な言語である。それは、あらゆる水準において多くの選択肢が廃棄された言語であり、その結果、形式、文体、単語、構文の選択肢は、日常言語よりも少なくなる。[8]」この主張の明らかな困難は、形式的言語を使用する

（4） Clifford Geertz, *The Interpretation of Cultures* (New York: Basic Books, 1973), 10.〔吉田禎吾他訳、『文化の解釈学I』岩波書店、一九八七年、一六頁〕

（5） Maurice Bloch, ed., *Political Language and Oratory in Traditional Society* (London: Academic Press, 1972); and Maurice Bloch, "Symbols, Song, Dance and Features of Articulation," *European Journal of Sociology* 15, no.1 (May 1974): 54-81.

（6） ブロックは、次のように書いている。「語られることや語り得ないことは、この洗練された、尊敬すべき行動によって、言語的非言語的に提示される。こうした形式的な相互作用は、そのコードのうちに止まるのであれば、静かに聴いてそれが通り過ぎるままにするしかない。それが、イエスを意味するのだ。話している人と聞いているとは、一方向的な関係しか許されない階層的な状況を含む、高度に構造化された状況に入り込んでいる。」Bloch, *Political Language*, 9.

（7） 「政治的弁論の場合には、伝統的な権威の記号と道具がコミュニケーションを形式化しているし、宗教的儀式の場合には、この形式化はさらに推し進められる。」Bloch, "Symbols, Song, Dance," 77.

——あるいは儀礼を行う——あらゆる人にそれが適用されると、これだけでは、強制するものと強制されるものを区別できなくなることである[9]。政治的強制の場合には、何が言われたかやいかにそれが言われたかを問題にする時に重要なのは、誰が誰に対してそれを言ったか、そして、どのような文脈でそれを言ったかである。マダガスカルの小作社会であろうと、イギリスの産業社会であろうと、強制する側は、より多くの資源を持ち、相手の願望に抗して特定の目的を促進するためにそれを用いる。もしこの強制の見方を認めれば、儀礼化は直接には強制ではないかもしれないが、にもかかわらず強制を隠蔽していると議論する可能性は依然としてある。

しかし、儀礼化をこのように考えることは必然ではない。儀礼が、主として自己を形成し、それを形作ると同時に表現しており、その「真の意味」を隠しているわけではない場合には、儀礼化、時間、自己に関するわれわれの観念はまったく違ったものとなる。そのような文脈で、感覚ある身体が学ぶ語りや行動は、自己の潜勢力——服従したり命令したりする能力、適応したり譲らなかったりする能力、喜んだり攻撃したりする能力——の一つである。いいかえれば、儀礼化された実践の達成は、その形成や解体を助けるという意味で、それ自体、自己の生成に不可欠である。

モーリス・ブロックは、主体の行為を理解するためには、（人間を自由にしているのは、最終的には自ら決定する能力であるから）その行動が、自律的で自由に意志する自己から概念的に抽象化されるべきであり、行動と言語が「儀礼化」されている（すなわち、慣習に従って細部まで表現されている）時には、人々は、個性を抑圧して、重要な社会的機能を演じている、と想定している。アダム・セリグマンは、興味深いテキストの中で、儀礼（社会的に規定された言葉や身振りなど）による自己の改善を好意的に論じているが、しかし、彼もまた、公的な言語と行動から完全に独立した私的な言語や自己が存在するという

（8） Bloch, *Political Language*, 13. ちなみに、ブロックは、「コード」、「言語」、「言語行為」を互換的に用いている。しかし、言語行為は、貧しくなったり豊かになったりはできない。それは、J・L・オースティンが「円満（happiness）」と「不満（unhappiness）」と呼んだもの、つまり、適切に行為されたか否か、「運んだ」か「運び損ねた」かのどちらかにしかなり得ない。「言語」というあらゆる用途に使われる語は、ここではあまりに広過ぎる。言語が「貧しくなった」と語ることは、使用者の能力に関わる場合もあれば、使用の可能性に関わる場合もある。後者の場合には、慣習的な言語（この文脈では語彙とその用法）の範囲を確定し、それが不適切となる新たな目的とは何かを明確にしなければならないが、ブロックはそれをしていない。

（9） この部分のブロックのテーゼの困難は、形式化という観念についての明晰さの不足にある。ブロックの用法には、少なくとも二つの違う意味が考えられる。一つは、話者の言語的もしくは準言語的な選択肢が、所与の状況で予測されている、という意味である。ここでは、より「形式的である」ことは、より高い確率で予測可能であ る、ということを意味するだろう。予測可能な行動という観念は、ブロックを、制約について語る方向に進ませる。しかし、あらゆる適切な文の形式化は、一連の選択を伴うであろうし、その範囲は、目的に接近するにつれて必然的に狭まる。この極めて平凡な意味において、次の議論は正しい。文が適切に完成した時には、その文の言語的な潜在性はもはや存在しない。なぜなら、それはまさに実現されたからである。しかし、このことは、宗教的な礼拝で用いられるにせよ、政治的弁論で用いられるにせよ（あるいは両者が融合していても）、ここでの予測可能性が、言語の貧困化、つまり、コミュニケーションの潜勢力を狭めていることを示しているわけではない。したがって、儀礼の制約が、「宗教的」であれ「世俗的」であれ、伝統的な権威の基礎である、ということはできない。ブロックの第二の「形式性」の意味は、「非形式性」との単なる対比を示すものである。両者は、相互的に定義される。この第二の意味では、どちらの用語も利用可能な選択肢の範囲とは直接には関係していない。例えば、書記が「形式的」で発話が「非形式的」であると言うことは、前者が後者よりも少ない言語的な選択肢しか持っていないということを意味してはいない。いいかえれば、発話における「形式性」と「非形式性」は、いずれも、社会的関係や役割などのインデックスであり、そのようなものとして、両者は社会的に有意味な「形式」である。この記号的な意味においては、発話は、もちろん単なる「形式」の一様相に過ぎない。ジェスチャー、衣服、物質的な対象なども、同じように認識可能な形式あるいは「記号」なのである。

観念を前提としている。[10] 彼は、儀礼と誠実さ（sincerity）を、異なる社会や一つの社会の異なる領域における、統合された経験、行為、理解の二つの理念型と見なしている。彼の主張は、儀礼が「そうであるかのような」あるいは「そうであるはずの」世界を創出し、それによって、共有された社会的世界の創出を助けているというものである。この共有された世界は、社会生活の聖なる部門と聖ならざる部門の双方で表現されている。セリグマンは、次のように書いている。「儀礼や儀礼的行動は、出来事というより、世界におけるわれわれの存在そのものを取り決める方法である。……「どうか（please）」とか「ありがとう（thank you）」という表現が用いられるときはいつでもそうであるし、（災厄を招きかねない）正直な答えなど本当は求めていないことを互いに承知しつつ、親しい友人に「ご機嫌いかが？（How are you?）」と問うときもそうなのだが、そうした時に、われわれは、共有された世界の維持のための重要な儀礼を行っているのである。[11]」この意味での儀礼は、それを実行する自己の本質的なアイデンティティとは独立のメッセージを伝達し、相互に不透明な個人による不確かな世界を、凝集性のある社会へと翻訳している。セリグマンと彼の共著者たちは、この種の慣習的な相互行為と対照的なものとして、誠実さによって支えられている翻訳を提示している。それは、両義的ではなく、それゆえ「原理主義的な」信念（つまり傲慢な確実性）を強化する、「そのまま」の現実の見え方を反映するものと見なされている。これは、儀礼を概念化する注目すべき方法ではある。とはいえ、なぜ誠実さ（「私は、自分のいっていることを本当に意味しようとしている」）が不確実性と適合しないものと見なされるのかは定かではない。疑いを持っていると告白する時は、誠実ではないのだろうか？

われわれが生きている世界は、リスクに満ちている。[12] しかし、――日常的な礼儀正しさや、国家の儀礼、あるいは戦場での作法のような形で――われわれの集合的なあり方と折り合いをつける方法としてある制度が提供する慣習的な規則は、世界の多様な危機に対処することができない。神聖なるテキストに関する宗教的言語や美学的な経験に関する世俗的な言語ではなく、量化、抽象化、計算に関する言語（つまり、人間が行動する「自然界」に対してと同じように、人間の行動に対して適用された数学）こそが、集合的生活の主要な不確実性を解消するために、今求められている。[13] この言語が、それ自身が作り出すことになった困難に対処し得るかどうかは、未解決の問題である。

しかし、まずは近代の自己認識について、もう少し詳細に検討してみたい。こうした自己の認識は、一九五六年に出版されたアーヴィング・ゴフマンの優れた研究である『日常生活における自己の呈示』[14]に従えば、日常政治と呼ぶことができるものの基礎にあるからである。ゴフマンは、シカゴ都市社会学

---

(10) セリグマンが筆頭執筆者ではあるが、これは論文集である。セリグマンだけに言及するのは、もっぱら便宜のためである。Adam B. Seligman, Robert P. Weller, Michael J. Puett, and Bennett Simon, *Ritual and Its Consequences: An Essay on the Limits of Sincerity* (Oxford: Oxford University Press, 2008).

(11) Seligman et al., 7-11.

(12) Ulrich Beck, *World at Risk* (Cambridge: Polity Press, 2009).

(13) イアン・ハッキングは、『偶然を飼いならす』と題されたすぐれた統計の歴史書を書いている。Ian Hacking, *The Taming of Chance* (Cambridge: Cambridge University Press, 1990)〔石原英樹、重田園江訳、『偶然を飼いならす――統計学と第二次科学革命』木鐸社、一九九九年〕しかし、もっと的確なタイトルは『不確実性を飼いならす』(*The Taming of Uncertainty*) であったかもしれない。

(14) Erving Goffman, *The Presentation of Self in Everyday Life* (Edinburgh, U.K.: University of Edinburgh, Social Sciences Research Centre, 1956)〔石黒毅訳、『行為と演技――日常生活における自己呈示』誠信書房、一九七四年〕

の出身であるが、この本は、シカゴ社会学の先達や同僚たちが出版したどの著作よりも、はるかに大きな影響力を持った。その理由の一つは、都市のエスノグラフィーに対する独自の理論的な次元を発展させたからである。ゴフマンは、この著作での彼のアプローチを、ドラマトゥルギカルなものとして記述している。その分析の対象は、限定された空間における人間間の相互作用、戦略的な優位を確保するために役割を演じる俳優＝行為者たち、そして公的に認知し得る上演とそれとは異なるものとしての自己といったものの解釈である。ゴフマンの議論によれば、あらゆる与えられた状況において、個々の人間は、他者に与える印象を操作することによって、その人を統制しようとする。それは、自らの感情を抑圧し、特定の状況における自らの目標に応じた自己の見え方を、他者に呈示することによって実現される。(15)

個人が心に抱いている特定の動機とか、この目的を持つに至った動機とは関係なく、他者の行動、ことに彼らが彼に対して示す反応を統制することは彼の利益になる。このような統制は、主として他者が定式化するに至る状況の定義に影響を与えることによって達せられるのである。しかもこの状況の定義に影響を与える方法とは、他者が自発的に彼自身の企図に即した行為をしてくれるようになるような、そういう種類の印象を与える仕方で自己を呈示することなのである。(16)

対面的な相互行為には、第一印象が決定的な重要性を持つ状況がある。ゴフマンは、生徒に最初に会った時の第一印象の重要性に関する教師の話を引用している。「一度でもなめられてはだめだ。そんなことになろうものならおしまいだ。だから私は最初断固たる態度でやる。私は新しいクラスを受け持った最初の日に、誰がボスなのかわからせる。……はじめに断固たる態度を取らなくてはだめで、それから徐々に手綱を緩める。最初に甘やかしたら、断固とした態度を取ろうとしても、生徒はただこちらを見て笑うだけだ。[17]」クラス初日の教師であれ、新しい患者を迎えた心療内科の受付であれ、ゴフマンは、自分よりも弱い人や、人間的に方向を喪失し、社会的に憂慮すべき状態にある人に対して、権威的な人格を呈示することの重要性を強調している。行為者の身体‐音声は媒体であり、呈示がメッセージである。この行為によって表象される人格は、個人的な呈示であるだけではなく、ある種の社会的秩序を構築する助けとなる。

ゴフマンの有名な本から一〇年後、アルヴィン・グールドナーは、『西洋社会学の危機の到来』において、この本に対する批判を展開している。ゴフマンの対面的で戦略的な相互行為の実践的規則の精妙な分析に替えて、グールドナーは、階級イデオロギーに関する批判的分析を提示する。彼の考えでは、ゴフマンの世界観は、世界の根底的な変化を徴付けるものである。「道徳的なことに憤激することのできる人間から〈道徳性の商人〉への道のりであり、自己の内部に没入していくカルヴィニスト的な良心を持つ人間から、器用に身をかわしていくことのできるゲーム的人間への道のりである。この人間は内

(15) ゴフマンの本が出版されたすぐ後に、アンセルム・ストラウスは、『鏡と仮面――アイデンティティの探求』を出版している。Anselm Strauss, *Mirrors and Masks: The Search for Identity* (Glencoe, Ill.: Free Press, 1959). この本は、「象徴的相互行為論」の急増しつつあった文献の一つであると同時に、それらへの入門書として、広く読まれた。
(16) Goffman, *Presentation of Self*, 2-3.〔邦訳四‐五頁〕
(17) Goffman, 5.〔邦訳一四頁〕

面の自己との対話に従うのではなく、他人の対抗動作を鋭く見抜き予想する人間なのであり、……〈不誠実さ〉への批判的態度からすべてが不誠実であると受け止める人間への移行である。[18]」グールドナーに言わせれば、ゴフマンの理論は、自発的に見える行動が実は計算されたショーである、といっていることになる。グールドナーの根本的な論点は、ゴフマンの社会学は、西洋における教養ある中産階級が今生きている世界、新しい形で経験している世界のイデオロギー的表出であり、かつては生きた伝統であったものを破壊する感情によって、新しい「現実」の把握を生み出すものであるという点にある。ネオリベラリズムがほとんどの政府の公式イデオロギーとなる前に書かれてはいるが、グールドナーの著書は、近代政治経済の非合理性を、その市民社会と国家に固有なものと見なしており、公的な権威と政治的正統性の弱体化の原因を、市民社会と国家の内在的な欺瞞に帰している。

誠実性の放棄に対するグールドナーの警告は、私には説得的に思えるし、同様に、「駆け引き」が道徳に取って代わったことに対する彼の抗議にも賛同する。もっとも、クエンティン・スキナーのレオ・シュトラウスに対するコメントに従えば、ここにあるのは、道徳の欠如ではなく、道徳（ないし道徳的態度）の異なる概念化である、と言えるかもしれないが。[19]私がもっとも関心を持つのは、自己を公的に観察可能な行動から体系的に切り離したことが、こうした態度を可能にしたこと——そして、この分離が政治に対して持ったであろう意味は何かということ——であるが、それについて、グールドナーは直接には語っていない。それゆえ、ヨーロッパの自己の歴史を、ブルジョワ社会の繁栄以前の、その出発点からたどり直すことには意味がある。そこで、ここでは、短く不完全にならざるを得ないが、その素描を提示してみることにする。

堅固で自律的な自己への欲望、儀礼を行う（あるいは行わない）ことから解放された真正の自己への欲望については、よく知られた宗教的な歴史がある。しかし、それは物語の一部に過ぎない。「物語の一部に過ぎない」のはなぜかといえば、そうした自己の見方は、複雑な政治的、経済的、社会的な諸力との密接な関わり合いの中から生じたからである。

ヨーロッパの社会が、徐々に市場化され、──部分的には略奪によって──豊かになり、社会的移動の機会が増大するにつれて、そして、個人が潜在的な敵と味方として相対しているということが理解されるようになるにつれて、自己の成功のための行動が理論化されるようになった。読み書きのできる階級向けに作られたテキストは、（のちに「起業家精神」として知られるようになる）機会主義的な行動の価値と危険性を論じた。慣習的な行動が自己から切り離されたものと見なされるようになり、戦術として

(18)　Alvin W. Gouldner, *The Coming Crisis of Western Sociology* (London: Heinemann, 1970), 387.〔岡田直之他訳、『社会学の再生を求めて　合本版』新曜社、一九七八年、五一一‐五一三頁〕

(19)　スキナーは、（非道徳的だという常識に反対して）マキャヴェッリの著作における政治的倫理の異なる概念化について論じている。*The Foundations of Modern Political Thought* (Cambridge: Cambridge University Press, 1978), 1: 128-38.〔門間都喜郎訳、『近代政治思想の基礎──ルネッサンス、宗教改革の時代』春秋社、二〇〇九年、一四五‐一五五頁〕スキナーが、マキャヴェッリに対する典型的な誤解と考えるものの例として、レオ・シュトラウスのマキャヴェッリ論に特に言及しているのは、一三七ページ〔邦訳一五三頁〕である。

の地位を獲得すると、自己利益と公共の利益が相互に整合的であるという理論が提示されるようになった。

君主鑑の伝統に属する有名なルネサンス期の思想家は、次のように書いている。

自らの職業活動のすべてにおいて良きことを実行しようとする人は、良からぬ人びとの間にあって破滅することになるからである。それゆえ君主は自らの地位を維持しようとするならば良くない人間たり得ることを学び、必要に応じてこのような行動をとったりとらなかったりする必要がある。……それゆえ君主は上に述べた五つの資質に欠けるような言葉を決して口に出さぬよう十分に注意し、自らが慈悲、信義、誠実、人間性、敬虔の権化であるように見聞きされるよう十分な心配りをしなければならない。そして特に最後の資質を持っているように見えるのは何よりも必要である。人間は一般に、自ら事物に直接接してそれを判断するよりも遠目に見ただけで判断するが、その理由は、見るだけなら誰にでも可能であるが身近に接し得るのは少数の人間だけだという点にある。すべての人びとは君主の意見に基づいて君主がどのような人間であるかを知り、少数の人間だけが君主が実際どのような人間であるかを理解している。そしてこの少数者は、自らを守ってくれる権力にとって決定的に重要な、これら多数者の見解に対してあえて異を唱えることはない。[20]

ニコロ・マキャヴェッリの君主に対する忠告は、その主権を守り発展させるために、君主が仮面をつけることである。その仮面は、本当の意図と感情を隠すだけでなく、望まれた結果を達成するために、聴衆に対して慣習的に認識可能な行動を提示することである。つまり、感情と意図のイ、メ、ー、ジ、の提示で重要なことは、行為主体が何をなすかではなく、慣習にいかに働きかけるかなのである。自己の提示としての仮面は、道具的なものであり、主権が、個人的あるいは政治的に、防衛されたり、拡張されたりする時に働く、両義的な資質の記号である。

初期近代のヨーロッパ政治思想に関する大著の中で、クエンティン・スキナーは、マキャヴェッリに対してなされた多くの道徳的な判断――例えば、レオ・シュトラウスが『哲学者マキャヴェッリについて』の中で主張した、『君主論』の教義は要するに「不道徳で不信仰」であるということであり、その著者は「悪の教師」としてしか特徴づけることかできないといった議論――に対して、マキャヴェッリを擁護している。[21] スキナーは、次のように主張している。

この解釈は、彼の見解と彼の同時代人のそれとの関係について誤解を含んでいるように見える。マキャヴェッリと旧来の著作家たちの君主統治論は、すでに見たように、君主が追い求めるべき目標の本質については完全に一致している。マキャヴェッリが繰り返し断言しているように、君主の目指すべきは、「国家を維持し」、「大事業を成し遂げ」、名誉、栄光、名声という最高の目標を追求することでなければならない。……マキャヴェッリと同時代人との決定的な違いは、目的達成のためにふさわしいと考える方法の性質にある。……したがって、マキャヴェッリと同時代人たちの違いは、道徳的政治観と、道徳から切り離された政治観との違いとして特徴づけるだけでは十分ではないのである。

(20) Niccolò Machiavelli, *The Prince* (London: Oxford University Press, 1952), 68 and 79.〔佐々木毅、『マキャヴェッリと『君主論』』講談社学術文庫、一九九三年、二五六 - 二五七頁、二七一頁〕

(21) Skinner, *Foundations of Modern Political Thought*, 1: 137.〔邦訳一五三頁〕

本質的な対照性はむしろ二つの異なる道徳――何が究極的になされるべきかについての二つの対抗しあって折り合わない価値――の間のものである。(22)

ここに二つの道徳の概念があるという点では、スキナーはもちろん正しい。しかし、この対比を少しずらしてみよう。二〇世紀のリベラルの道徳に翻訳すれば、マキャヴェッリは、善に対して敏感であれと主権に要求しているということができるかもしれない。国政に与っている人間に道徳的行動が期待され、さらにその延長で政治の世界に入ったすべての人に道徳的行動が期待される場合には、達成可能性や効率性は、名誉の徳と少なくとも同じくらい重要である。(近代的生活の総体的枠組みである)近代国家にとって最終的に問題となるのは、その権力と名声を維持し拡大する責任である。そのために、国家と私的企業による健全な計算と戦略化が不可欠である。政治の世俗的な目的が、最終的に賞賛に値するものであれば、手段についての道徳的な議論によって、その目的を脅かすことはできない。ここで示されている原‐リベラルな理由付けとは、最終的な政治の目的が賞賛に値するものであれば、それを発展し維持するために不可欠な行動は、道徳的非難に値するような意図せざる結果が生じるとしても、倫理的に認容可能であるというものである。したがって、人間は、最終的な目的に道徳的責任を負っているけれども、それを達成する手段の選択に関しては責任を負っていないのである。

自己利益への訴えは、マキャヴェッリが語っている政治的主権に関してだけでなく、自己利益を中心的な徳とする市場社会に関しても、概念的な前提条件であると同時に公的で政治的に用いられる言語の帰結でもある。かつては、ある関係における信頼という価値を指示していた信仰という語は、今や心の状態として、そして、宗教的権威の同義語として強調されるようになった。さらに、それは自然科学の権威に直面し、自らを世俗の言語で防御する必要が生じた時、かつてないほど不安定なものとなったのである。自己の規律は、この新しく出現した世界においても排除されたわけではない。それが「客観的な知識」の必要条件ではなくなった時、それは、美学的な任務として、すなわち自由に選択する主体の涵養として提示される。その自由意志は、典型的には、販売されている商品の自発的な購入や、――候補者への支持や投票を含む――政治的戦略の採用に表現されている。[23] したがって、自己利益には、政府、法、そしてとりわけ科学の追究において涵養される没利害性の観念――初期近代の意味での「不偏性」――が付随している。没利害性が自己利益に対置されている範囲では、この問題についての公的論争は、宗教者と非宗教者の両方から支持されていた。懐疑論者と信仰者は、議論の両方の側に見出すことができたのである。

前章で言及した自発性の涵養は、特定の種類の自己の内部でその自己によって表現されるような、後にロマン主義と呼ばれる、文学、宗教、美学的運動を促進した。しかし、真正性への執着の一つの帰結は、祈祷と消費者の満足、詩的表現と社会的表現が、真正のものであるかどうかということについての、継続的な個人の不安であった。[24] もちろん、自己への配慮は、近代のリベラル社会の一部であると同時に、前近代の制度の一部でもある。その一般的な規律者は、今や、「宗教的思考と実践」ではなく、市場、国民国家、技術の様々な組み合わせとなる傾向があるけれども。

心理的であると同時に政治的で、経済的でもあった操作的な権力のドラマから創り出されたため、ル

(22) Skinner, 134-35.〔邦訳一五〇頁〕
(23) ちなみに、*Oxford English Dictionary* によれば、ラテン語の *sponte* という語は、「自発的に、自由」という意味である。

ネサンス期の自己は、公的行動と私的徳との間の道徳的距離を維持し拡大する必要に、それまで以上に迫られることになった。ルネサンス期の歴史家や脚本家によって描かれた権力のドラマは、内面の思考と外面の行動の間のやりとりを彼らが描いていたがゆえに、信頼を獲得した。しかし、儀礼的な行動を、他者によって解読されるものとして根本的に概念化し直すこともまた、その産物であった。一七世紀においては、まさに公的に提示可能な外見と区別された私的な自己の言説、すなわち市民的公職の義務から区別された「真正な」キリスト教的な献身の言説こそが、カトリック君主とプロテスタント君主の間の敵対性を緩和することを可能にし、三〇年戦争を終わらせたのである。

ヨーロッパの帝国と植民地が世界の大部分を領有していき、権力のゲームにおいて儀礼化（反復、形式化、伝統）を行う可能性が徐々に増大した結果、「宗教」の概念——普遍的かつ個別的かつ複数的である何かについて概念——が、結晶化され始めた。不変の法則が支配する自然界に行為主体を定位させ、時に懐疑論を促進することもあった、この発展しつつある文化において、没利害性の観念は、非難されるものであると同時に、価値あるものでもあった。それが非難されたのは、伝統的に期待される共感の欠如を示すように見えるからであり、それが評価されたのは、近代においてもっとも威信ある知識形態である科学的知識の追求に際しては、自己を抽象化する必要があるからである。（はるか後になり、われわれの時代に近くなると、自己利益と没利害性は、ともに懐疑とリスクの制度化へと吸収されてしまう。この問題については、後で触れる。）

もちろん、表象的行動は、権力劇におけるものだけではないし、近代以前に詐欺的行為がなかったわけではない。私が言いたいのは、「真の」自己をその行為、行動、生活様式から区別することは、大部分初期近代における宗教改革の帰結であるということである。興味深いことに、この種の個人に対する価値付けは、神の恩寵が入り込んでくることを可能にする情熱的なものとして――そして受動的なものとして――、当初はとらえられたということである。それが受動的なものと見なされている限り、自己は、内面からの超越的な力を受け取り得るとも考えられたのであり、その名において没利害的に行動することができると考えられたのである。だから、あらゆる人間の行動は、本来自己利益的であるという懐疑論の議論は、情熱的な自己が「外的な」存在――聖なる力、自然的原因、超越的規範――に開かれ得るものであり、それこそが自己の真の主体性であるという主張によって回避されたし、現在でも回避されている。このことは、悪い君主政に対する抵抗において（善なるものに宿る神性が人間をして反抗せしめるという形で）表現され得たし、ジェンダー化された沈黙という社会的規則の侵犯という形（神の精神を体現する時、女性は語る）でも表現され得た。しかし、極端な情念は、尊重されるべき宗教においても、制度化された政治においても、そして、一般的には毎日の生活においても、一貫性の喪失――外部の破壊的な力による自己の一時的な喪失――と見なされた。

（24）　この説明に対して重要な貢献をなした著作は多数ある。Lori Branch, *Rituals of Spontaneity: Sentiment and Secularism from Free Prayer to Wordsworth*（Waco, Texas: Baylor University Press, 2006）という素晴らしい著作以外にも、以下のものが特に参考になる。Stephen Greenblatt, *Renaissance Self-Fashioning: From More to Shakespeare*（Chicago: Chicago University Press, 1980）〔高田茂樹訳『ルネサンスの自己成型――モアからシェイクスピアまで』みすず書房、一九九二年〕Adela Pinch, *Strange Fits of Passion: Epistemologies of Emotion, Hume to Austen*（Stanford, Calif.: Stanford University Press, 1996）, Lawrence Klein and Anthony La Volpa, eds., *Enthusiasm and Enlightenment in Europe, 1650–1850*（San Marino, Calif.: Huntington Library Press, 1998）, Scott Paul Gordon, *The Power of the Passive Self in English Literature, 1640–1770*（Cambridge: Cambridge University Press, 2002）.

政治的不確実性の文脈における私的な自己とその公的な仮面との間の緊張について、もう少し考えてみたい。仮面は、世界に対して自らの人格を公示するための道具であるだけではない。それはまた、秘密を隠し、敵に誤読させるための記号でもある。しかし、記号の解釈を、仮面をつけている側が完全にコントロールすることはできない。解読者には独自の意図がある。では、モースの仮面の観念は、近代国家と自由で平等な市民との関係について何を語っているのだろうか。リベラルは権力を信頼せず、その結果、民主主義を信頼しないとよくいわれる。国家の側にも、市民を信用しない理由がある。法が危険なほど侵犯されたり、人民の権力が望ましくない結果をもたらしたりするのではないかという疑念があるからである。しかし、権力は、市民を守る道具であるだけではなく、最終的には国家そのものの存在理由である。

近代国家に対する犯罪としての反逆（treason）は、完全に現実的で、世俗的な事件である。少なくともわれわれはそう想定している。そして、個人的な背信は昔からあるテーマであるけれども、国民国家の示す反逆に対する執着は、比較的新しいものである。確かに、国家が深刻な危機に陥った時、それが可能にしていた集合的生活も破壊される。しかし、そうした現実的な関心だけでは、反逆に直面した政治指導者や普通の市民の言説に表明される強烈な感情を十分に説明することができない。反逆という国家犯罪は、国民的利益に対して背信者が与えた損害という観点からは定義されていない。そこでもっとも問題にされているのは、「敵を助力し、仕事をしやすくする」ことである。例えば、一九一七年のアメリカの諜報活動取締法は、有罪かどうかを決定する際に「物質的損害」の証明を必要としていない。反逆の指摘は、不安と嫌悪を呼び起こす傾向がある。それは、崇拝に値するものが汚された時の感情であり、国家ばかりでなく、国家が代表／表象する国民をも騙した背信者に対して、重い処罰を科したいという欲望である。一八世紀というかなり以前の時点で、ジャン・ジャック・ルソーは、フランス革命中に「テロ」という形で行使されることになった、現実の国家権力による無慈悲な行為の必然性をイデオロギー的に明確にしていた。「社会的な権利を侵害する悪人はすべて、その犯罪のために、祖国への反逆者となり、裏切り者となるのである。その人は法を犯すことで、祖国の一員であることをやめたのであり、祖国に戦争をしかけたことになるのである。だから国家を維持することと、この悪人を生かしておくことは両立できないことであり、どちらか片方が滅びなければならないのだ。だから罪あるものを殺す時、それは市民を殺すのではなく、敵を殺すのである。[25]」いいかえれば、隠れた敵や発見された敵である市民に対する国家によるテロの利用は、それが国家の維持に必要であるから正当化されるだけではない。国家が市民の生命と財産の安全を守っているからこそ、道徳的に必要とされるのである。反逆の本質は、法を破るところにあるのではない。[26]反逆者が行うのは、ある特定の国の法を侵害することなの

(25) Jean-Jacques Rousseau, *The Social Contract and Discourses* (London: Everyman Edition, 1913), 28.〔桑原武夫・前川貞次郎訳、『社会契約論』岩波文庫、一九五四年、七七頁〕

(26) 一八世紀には、(当時「熱狂」と呼ばれた)強烈な感情の表明は、啓蒙の批評家たちによって、宗教を特徴づける性格と見なされた。今日では、リベラルの理論家が、文明化された政治において、啓蒙的な理性によって乗り越えるべきものとして熱狂を描いている。しかし、熱狂は、世俗のプロジェクトの一部であり続けている。国民的なアイデンティティの形成や、それへの裏切りが疑われる個人の捜索はその例である。

である。

こうした反応は、冒瀆、つまり神そのものに対する侵害と考えられる行為によって引き起こされる宗教的な感情として世俗的な想像が考えるものと、反逆が類似していると感じられることを示している。ここで問題となるのは、誰かが法の深刻な侵害をしたかどうかだけではなく、反逆者という、極めて反道徳的で二枚舌の人間を見つけることである。国家が反道徳性を判断できるというこの議論は、次のことを考えるだけでも、奇妙に思えるはずである。というのは、近代社会における道徳性は個人の良心に基礎づけられていると考えられており、また、世俗国家は、非個別的で中立的である必要があるからである。近代国家には良心はなく、その構成員が良心を持っているとしても、彼らは自分の職務を自らの良心とは関係なく遂行することを求められるはずである。

一九一七年の諜報活動取締法を主導したウッドロー・ウィルソン大統領の言葉は、近代国家を、感情や道徳から完全に無縁なものと見なす考え方からすると、奇妙なものに思える。しかし、ここで働いているのは、人民の政府という観念であって、人民の国家ではない。一九一五年一二月の一般教書演説において、ウィルソンは同法の通過を議会に要請しつつ、次のことを強調した。「他国との関係では、即座に特定の危険が持ち上がることは考えていない」けれども、「われわれの国民的平和と安全に対する最大級に深刻な危機が、国境の内部で起こりつつある。」[27] 彼は、さらに次のように述べている。「われわれの国民生活の動脈に非忠誠という毒を一滴垂らした者、政府の権威や美名を嫌悪の対象に変えようとしている者、……外国の陰謀を用いて、われわれの政治を貶めようとしている者」、そういった帰化市民が合衆国にいると認めることを恥ずかしく思う。こうした非忠誠的市民——そのほとんどは移民である——は、ウィルソンにとっては不安の種である。というのも、彼の言い方を使えば、彼らは「われわれに深刻な不名誉をもたらす」からである。彼は、「ユダヤ人」や「イタリア人」に言及しているわけではないが、社会主義者やアナーキストという言葉は、この二つの少数派を表象することが多く、また、彼らはごく最近の移民でもあるので、この発言の標的はこうした人々であることが暗示されている。したがって、議会にこの脅威にできるだけ早く対処するように求める時には、国家の「名誉と自尊を守る」以上のことを求めているわけではないと、彼は保証したのである。彼は続けて、次のように言っている。こうした反逆的な人間は多くはないけれども、「彼らは極めて有害である」ので「こうした情念、非忠誠、アナーキーの徒は、壊滅させなくてはならない」。彼らが、財産を破壊する陰謀を企てていることは明らかであり、「政府の中立性」に抗する謀略を練り、「我々のものとは異なる利益」に奉仕するために政府の秘密を盗み出そうと試みている。ウィルソンは、再び数の問題に戻って、次のようにいう。「こういう風に言えれば、どんなに良いことだろうか。ごくわずかの人間が、彼らが生まれた国の政府に対する忠誠という誤った感情に導かれて、自己所有を侵害し、国家の性格と原則に関して誤った表現をしてきたという点で有罪である、と。……しかし、実際はそうではないのだ。」こうした人々は「合衆国の平和と尊厳」を考えてはいない。ウィルソンは、移民が作り出す危険、つまり、新しい国家／地位に入ったら（すなわち、一度帰化市民となったら）捨て去るべき過去への愛着が生み出す危険を、聴衆に思い出させている。もちろん、彼は、こうした反逆者の「精神と心の腐敗」にまで法自体は届き得ないことを意識している。しかし、「その人々のことを考え、その人々が日々われわれにもたらしている不信のこと

(27) ウィルソンの一九一五年一二月七日の第三回教書は American Presidency Project のウェブサイト (http://www.presidency.ucsb.edu/ws/index.php?pid=29556) で見ることができる。

を考える時、自己所有的で、思慮深く愛国的なアメリカ人すべてが、感じるに違いない屈辱と嫌悪」に応答することは適切な行動である。アメリカの「レッド・スケア」として知られている現象は、一九一七年の諜報活動取締法が通過した後――第一次世界大戦すら終わった後――に始まったが、ウィルソンの演説は、敵対的な雰囲気を予期させるものである。その雰囲気は彼自身が作り出したのであり、そして、それがアメリカにおける初期の労働運動を壊滅に追い込んだのである。ウィルソンの言葉は、驚くべきものである。反逆的な移民による損害を過小評価したり、過大評価したりしながら、結局のところ、国家という集合的人格の「名誉」の感情を喚起し、国家の境界部における移民 - 陰謀家の存在によって、「[アメリカの]国民生活のまさに動脈に注がれている非忠誠という毒」に言及している。この言説で驚くべきことは、疑いから生み出される――そして疑いを生み出していく――強い道徳主義である。(ナショナリズムを含むあらゆる政治的イデオロギーのイデオロギー的特徴について、アレントは次のように語っている。「敵対の概念は、陰謀の概念に取って代わられる。そして、このことは、現実は、もはやそのものとしては経験されも理解されもせず、何か別のものを意味すると機械的に想定するメンタリティを生み出す。[28]」）宗教的言語が、近代国家の行動を促したり、批判したりし得ると考える人々は、国民の表象を正当化するために国家がすでに道徳的言語を用いていることを過小評価している。隠された言葉や動機に対するウィルソンの疑念は、次第に不確実になっていく世界において、安全を確保するという任務を果たすために確実性が欲望される典型的な例である。[29]

背信は、かつて宗教的意味を持っていた。そして、異論はあるかもしれないが、近代世俗社会に翻訳された時に、それに情熱的で道徳的なエネルギーを与えたのはこの点である。（情念――「熱狂」――は、啓蒙思想家たちが「理性」に対するものとしての「宗教」に帰属させたものであることを想起するかもしれない。）おそらく、もっとも有名な背信の物語は、ユダによるイエスへの背信、肉体を持った神への背信である。それは、救済のドラマに基づく、偉大な新しい宗教の創設に不可欠な行動であった。[30] 一七世紀中葉のスコットランドの法律家は、冒瀆、魔女、異端を、すべて「神に対する背信」に分類した。[31] もし冒瀆が、神に対する背信として考えられるのであれば、神なき時代の主権に対する背信とどこが違うのであろうか。神は自らの被造物を裏切らないが、国家は市民を裏切る可能性がある点であろうか。もし国家が個人の投影である（マナンは次のように言っている。「私が政府という媒介を通して自らに命じている。結局のところ、私は自分自身に従っているのだ[32]」）とすれば、市民の秘密は、国家を通して行動する人民によって授権された、選出された政府に対しては秘密にされるべきではない。もちろん、憲法（はそれを有す

（28） Hannah Arendt, *The Origins of Totalitarianism*, new ed. (New York: Harcourt Brace Jovanovich, 1968), 471.〔大久保和郎、大島かおり訳、『全体主義の起原』第三巻、みすず書房、一九七四年、三一四頁〕

（29） 思考における裏切りの一つの形式は、スタンリー・カヴェルが「知識の非所有」と呼んだものである。カヴェルは、『オセロ』の説得的な分析において、その演劇の中で描かれている真の裏切りは、デスデモーナの不貞の疑いではなく、オセロが、彼女は万に一つも彼に不誠実であることはできない、という知識を、自分自身に隠蔽し得た点にある、と論じている。Stanley Cavell, *Disowning Knowledge in Seven Plays of Shakespeare* (Cambridge: Cambridge University Press, 1987), chap. 3.〔中川雄一訳、『悲劇の構造――シェークスピアと懐疑の哲学』春秋社、二〇一六年、第三章〕

（30） 創設の物語において、ユダが「真の」裏切り者であったのか、それとも誰かの代わりに行動しただけなのかという問題は、William Klassen, *Judas: Betrayer or Friend of Jesus?* (London: SCM Press, 1996.〔森夏樹訳、『ユダの謎解き』青土社、二〇〇七年〕で論じられている。

（31） Leonard W. Levy, *Treason Against God: A History of the Offense of Blasphemy* (New York: Schocken Books, 1981) を参照。

る国家内で）は、プライヴァシーの権利を保障している。しかし、国家はまた、市民を外敵から守るだけでなく、――ホッブスが論じたように――他の市民の破壊的な本能から守る任務をも負っている。そして、もし第一かつ最重要の任務が、起こり得る損害を顧慮することなく、国家の全体性を維持することだとすれば、国家は、（おそらくは危険な）市民の思想、行為、言説の一部を隠蔽しているプライヴァシーを侵害する必要があるかもしれない。そうした侵害が背信なのかどうかは、難しい問題である。

個人の国家への同一化によって、自発的な情報提供者が出現する。[33] 国家そのものが、スパイを利用する。その任務は、信頼関係を構築して、秘密を引き出すことであり、そして、その秘密を教えてくれた人々の信頼を裏切ることである。先制的な行動を唱えることは常に可能である。統計的なプロファイルによって、背信や暴力の傾向を示すとされた人は、追跡され、手遅れにならないうちに、管理された環境の下で拘束される。潜在的な政治的反逆の特定と、おとり捜査によるその創出の境界線を引くことは、常に簡単なわけではない。それは、リスクが特定されると同時に創出されるという、近代国家の両義性の反映である。

第二次世界大戦以降、合衆国は近代的世俗国家であっただけではない。それは、自らの国境の内部や外部に現実的な敵や潜在的な敵を見つけ出すことによって、自らの地位を守ってきた超大国でもある。このことは、――国内における反逆やテロ、国外における軍事行動といった――多様な形態の敵意に対して先回りすることを意味している。国家は、外国の軍隊に対峙する必要があるだけでなく、代理戦争や暴動の鎮圧に従事し、外国の社会に潜入する必要もある。『情報源の取り扱い』と題された陸軍米州学校（ＳＯＡ）のマニュアルでは、以下のことが推奨されている。「対諜報活動機関は、すべての組織がゲリラ支持者グループであると想定すべきである。……様々な青年組織、労働組織、政治組織、ビジネス組織、社会組織、慈善組織の内部に情報提供者を潜入させることで、メンバーの中にゲリラがいる組織を発見することができる。[34]」

監視は、潜入によって行われる。その目的は、現実的な背信や潜在的な背信の徴候を見つけ出すことであり、適切な行動をとれるように、確実性へと翻訳されるべき可能性の徴候を発見することである。このことは、歴史的には、標的とされた集団の中に秘密の情報提供者を見つけることを意味していたが、今では、情報テクノロジーを用いた遠隔監視という、より洗練され、対象となっている集団からは発見されにくい方法がある。政治的疑いの表現としての監視の系譜学が書かれるべきであるが、いまだ書かれていない。その中心は徴候という概念である。

『パラノイド・モダニズム』というモノグラフの中で、デヴィッド・トロッターは、この系譜学の重要な部分を説明している。この論考で彼は、一九世紀から二〇世紀への転換期における、近代文化のいくつかの要素の、複雑で同時的な出現を記述しているが、そこでは、パラノイアが、疑いの病理形態として、近代の精神医学と精神分析の発展の中でいかに同定され、定義づけられてきたかが説明されている。そして、彼はそれを、一九世紀におけるイギリス社会の深刻かつ到達範囲の広い変化と関連付けて

---

(32) Pierre Manent, *A World Beyond Politics? A Defense of the Nation State* (Princeton, N.J.: Princeton University Press, 2006), 14.

(33) フランス革命の間、今日では国家の主要な武器となっているものに対する「監視」という語は、「一般意志」の表現としての主権の補完的な形態という意味を持っていた。もちろん、「主権」は、他の主要な政治的、法的、道徳的概念と同様、曖昧で、それゆえ異論を提起できるし、実際に提起された。

(34) Dower, *The Violent American Century*, 60.〔邦訳六九頁〕に引用されている。

いる。この変化の中で、トロッターが描く歴史にとって特に重要なものは、成長する中産階級（グールドナーが教育ある中産階級として同定したもの）の構成員が、自分たちの重要性がもはや明確ではないと自覚したことである。つまり、彼らの地位は、競争的な業績によって獲得されているのであって、財産（土地や資本）によって獲得されているわけではないし、労働によって獲得されているわけでもない、ということに気付いたのである。それは、空想小説が次第に、私的、政治的双方のパラノイアを扱うようになる時代であり、付け加えれば、スパイ小説が流行する時代でもある。

トロッターの指摘によれば、パラノイア患者は、偶然性を拒絶し、偶然的な出来事の中に、誰も信用することができないという自分自身の信念を確認する意味を発見する。微笑む顔、友好的な身振りは、敵対的な意図の仮面なのである。パラノイア患者は、道徳主義者であると同時に翻訳者でもある。彼にとって、仮面は本当の顔を隠す一時的で物理的な手段であるだけではない。それは、適切に解釈されなくてはならないある徴候であり、ある体系に基礎をおいたその徴候の適切な読解と翻訳によって、その真の意味を与えられる。それゆえ、偶然性を排除するためには、体系が構築されなくてはならない。トロッターは、次のように書いている(35)。

> パラノイアは、混乱の中に止まることはできない。進行中のパラノイアがたどる過程は、一貫した形で、かつまた、独創的な形で、イギリスの著述家たちによって想像されてきた。それは、少なくともフランスの形式的で、――実際にはともかく理論的には――不可逆的なブルジョワ民主主義の制度であるフランス革命の時代以来のことである。革命以前もパラノイアが存在したことに疑いはない。しかし、この病気のための安定した生態学的なニッチの創造は、その時代から始まるように思われる。

……狂人でなくとも、アンシャン・レジームの解体を、社会的なアイデンティティの帰属を裏書きしていた体系の解体として、認識できるようになった。神と皇帝は、幸福を放射している。なぜなら、彼らは自分たちが何であるかを知っているからである。その一人にならない限り、われわれはその放射を吸収する側なのだが、それは結局のところのさまざまな注意深い崇拝行動によってなされる。しかし、ロベスピエールとは、誰であり、そして、何であろうか？　そして、彼は、自分自身を見るのと同じように世界から見られていると、なぜ確信が持てるのであろうか。[36]

トロッターは、この問いの答として、ますます世俗化する社会において、専門的な政治家を含む専門家階級が、競争によって優れた専門性を示す機会を挙げている。しかし、他者の実績に対して自分の実績を主張することは、不安を生み出すものであり、そこからパラノイアへは簡単に移行していく。裏切られることに対するパラノイア（背信の遍在）は、主権国家の強迫観念であると同時に、自律的自己の強迫観念でもある。[37]

日常生活における行為の意味が不確実なものと見なされる時、それは危険のシグナルである。ここに、マイケル・ウッドがヒッチコックのごく初期の作品である『下宿人』という映画について語った文章から抜き出した、面白い例がある。ウッドによれば、そのエンディングが示しているのは、次のことである。

(35) David Trotter, *Paranoid Modernism: Literary Experiment, Psychosis, and the Professionalization of English Society* (Oxford: Oxford University Press, 2001), 77.
(36) Trotter, 82–83.

無罪と有罪は、完全に同じ物語と同じ記号によって表象することができる。重要な点は、両者の間に差異がないことではなく、その表象に差異がないことである。……『下宿人』は、演劇を元にしており、その演劇は、マリー・ベロック・ローンズによる比較的良くできた同じ題名の小説に基づいている。そこでは、下宿人は、有罪であり、宗教的偏執狂として、女性を殺害する。しかし、小説の雰囲気は、ヒッチコックの映画の雰囲気と多くの点で似通っている。映画では、犯罪の記号が犯罪を意味しないとすれば、それが意味するものは何か、とわれわれが疑い出す場面で、小説では、主要な登場人物である下宿の大家夫婦が、下宿人の疑わしい行動をどう扱うべきか思い悩む。彼らは余分な法律的な面倒を抱え込みたくないので、警察に行く気はない。そんなことをしても良いことはないと思い込んでいる。そして、小説の最後の方では、誰かが殺人者を捕まえるか、それとも、彼がどこかに引っ越してくれることによる、ある種の解放を険しい顔をして待っている（が、そうなることを本気で予期しているわけではない）。さらに、彼らは下宿人を疑っているだけでなく、彼が有罪であると信じており、警察を満足させられないとしても、自分たちとしては十分な証拠を持っていると思っている。彼らは、自分の知っていることを疑いと呼ばざるを得ない。というのも、彼らはそれを怖れているからである。そして、あるところで、夫は、まさにヒッチコック的な考えを持つ。「もっとも悪いことは、はっきりしないことだ。……彼が本当に知っているのだとしたら！　彼に確信を持てていさえすれば！　ところが、結局は、自分に言って聞かせるのだった。行動に移すには、あまりにも確信がない。ただ疑惑があるに過ぎない――彼の疑いが正しいのだ、というひそかな、そして恐ろしい確信があるだけなのだ。」ヒッチコックのトリックは、通常ならば正当化可能な疑いを正当化しない点、そして誤った確信の恐怖を強調する点にある。そう、そして、正しい確信もまた恐ろしいものなのである。(38)

要するに、ウッドが思い起こさせているものは、ある行為、出来事、状況の意味を求めること――宗教的経験と同様、疑いを確信に翻訳すること――は、それらが本質的に記号であることを前提するということである。日常的な言葉を的確に理解する、つまり、「どう続けるのか」ではなく、認識された不確実性の中に確実性を求めようとするわれわれの欲望は、記号の断定的解釈を促し、その意味が見つかるはずの規則の表明を促す。そして、その過程そのものが、われわれの疑いを強化する。そうした状況においては、解釈は不確実性を糧とし、不確実性は解釈を糧としている。疑いは、結論に達することを避ける。日々の生活を続けるには、日常言語と日常の活動への熟達が、解釈の位置を占めなければならない。あらゆる行為、あらゆる出来事、すべてのものが記号なのだろうか？　パラノイア患者は、おそらくそうだと言うだろう。パラノイアは、定義からして、あらゆる行動、あらゆる出来事、あらゆるものを解釈可能な記号にする。解釈を必要とするあらゆるものは、まず自分自身を記号として提示する、ということもできるだろう。これに対して、計算は、両義性と不確実性を避ける確実な方法である、と言

(37)　クレインとラ・ヴォルペによれば、「世俗化は、近代性の決定的な特徴であり、この世俗化の一部は、熱狂に対する批判の上に成立している。……反熱狂の言説においては、神学的な論争から科学と医学の新しい言語への明確な移動が存在する。しかし、おそらくより興味深いことは、……聖なる言説と世俗の言説の基礎にある連続性と構造的類似性である。もっとも驚くべきことは、熱狂の言説が、宗教的な領域から、一八世紀後半、特に一七九〇年代に、明確に近代政治的な配置の中に移動したことである。……熱狂の言説は、過激派と反過激派に占有されたのである。」Klein and La Volpe, *Enthusiasm and Enlightenment in Europe*, 4.

(38)　Michael Wood, "At the Movies: The Lodger, directed by Alfred Hitchcock," *London Review of Books* 34, no. 16 (August 30, 2012), https://www.lrb.co.uk/v34/n16/michael-wood/at-the-movies.〔『下宿人』の引用部分に関しては、加藤衛訳、『下宿人』早川書房、一九八七年を参考にした。〕

われる。

トロッターによれば、パラノイア患者の妄想は、憎悪に直面しているのだから自分は重要なのだ、という確信を中心とするのが通常である。彼は、重要であるから多くの人に妬まれており、彼の重要性は、多くの人に脅かされているという事実によって確認されている。[39]（例えば、スターリン時代のロシアのように[40]）厳密にいえば、これ自体は病理的な状態の構造ではない。しかし、それは確かに、権力を行使する人々の間でパラノイアが進行し、強化される条件を示している。ナショナリズムは、部外者に対する――とりわけ「内部に」隠された部外者に対する――怒りと疑いの上に成長する。しかし、反逆者の探索は、反逆者個人を特定することを意図していることが多いが、その前提にあるのは、国民という集団に対する無条件の忠誠要求という国家のイデオロギーである。もちろん個人は、あれこれの集団に対して連帯の感覚を持つだろうが、しかし、無条件の忠誠がその構成員に要求される、国家による「国民」の規定に比較した場合、こうした集団は、同質的なものでも、明確なものでも、安定的なものでもない。

もちろん、反逆だけが、近代国家の関心の対象となる犯罪ではない。刑法が扱う攻撃は広い範囲に及んでおり、法の執行は、リベラルな民主主義の現代政治における主要な問題になりつつある。この文脈での政府の関心は、法の侵害事例に対して、その発生時に応答するだけではなく、保険数理的な技術（actuarial technique）を用いた、その予測にも向かっている。つまり、人口学的なデータを蓄積することで、特定の人口学的カテゴリーや特定の地域における犯罪や非行の確率を予測し得るようにすることである。これは、――特に二〇〇一年九月一一日以降――警察のプロファイリングと特定のコミュニティへの潜入によって、反逆やテロリズムの発生の可能性を特定するための特に優れた手段となっている。そして、もちろんそれは、コミュニティの構成員間の信頼を破壊していく。

それゆえ、われわれがここで目にしているのは、疑問の病理だけでなく、数学用語による不確実性の把握、そして、計算の言語によるその克服法（あるいは少なくとも管理法）である。

V

プロファイリングは、国家が潜在的な反逆者、テロリスト、犯罪者を予測する方法である。プロファ

(39)　この点について、ダワーは、次のように述べている。「戦後のアメリカの強大な力は、今もそうであるが、根本的には双極的なものである。すなわち、一方で、物質的にはあらゆる面で自信過剰で圧倒的に強大でありながら、他方では、怯えと不安に苛まれている。この状態は、まさに軍事計画者たちが考えたように、不利な条件というよりはむしろ利用すべき矛盾であったのだ。不気味な存在である敵に対する恐怖は、大規模な軍事機構を保持すべきだという考えに政治的支援を確保する呼び水となった。高レベルのこの種の不安は、政治家と大衆を味方につけておく支配装置の役割を果たした。……彼らの政治的成功が、こうした主張にかかっていたわけである。同じように、官民両方にわたる様々な人間が「安全保障」を自分たちのために利用したし、もちろん「防衛」関連産業の利益もこれにかかっていた。」Dower, *The Violent American Century*, 25-26.〔邦訳二七―二八頁〕

(40)　あらゆる革命国家はパラノイアを促進する。ジェフリー・ホスキンスは、ロシア革命が、日々のルーティンを熟慮の上で破壊したことの帰結と、その認知された性質を記述している。彼は、次のように書いている。「この環境では、すべての人が、不安になり、不信感を抱くことを学んだ。それは、一九三〇年代に広まるグロテスクなまでの不信に至る道をへと繋がる傾向である。」Geoffrey Hoskins, *Trust: A History* (Oxford: Oxford University Press, 2014), 13. しかし、政治革命が、こうした結果を促進する唯一の状況ではない。われわれが近代化過程と呼ぶ急速な社会的変化もまた、パラノイアを進行させる。そして、それが今度は、進歩的国家による暴力と欺瞞の行使をもたらすとともに、それを正当化するのである。

イリングは、政治的であると同時に商業的な技術であり、計算による翻訳の過程でもある。
アメリカの法執行における保険数理的なツールの利用の増加についての研究の中で、バーナード・ハーコートは、次のように書いている。

われわれのほとんどは、この傾向を、危険ではなく、希望と考えている。顕著だが限定的な、唯一の例外は、高速道路上でのアフリカ系アメリカ人やヒスパニックに対する人種的プロファイルだが、それ以外については、ほとんどの研究者、刑事法分野の弁護士、公的問題に関心のある市民は、保険数理的な方法への転回を、希少な法執行資源の配分のための、より効率的で、合理的で、富を最大化するツールとして受け止めている。われわれは、暴力的な性犯罪者や、ドラッグの密売人、脱税者、危険性の高い常習犯を特定するときに、保険数理的なツールにますます信頼を置くようになっている。簡単に言ってしまえば、警察は、法を破り易い人を容疑者として捜査する方が、同じ資源でより多くの犯罪を見つけられるのであり、法廷は、再犯可能性が高い犯罪者により長い刑期を言い渡した方が、より効率的に犯罪を減らすことができるのである。われわれのほとんどが、刑事法における信頼できる保険数理的な方法の利用は、進歩であると考えている。もちろん、誤ったステレオタイプや誤りの多い予測を支持する者はいない。しかし、犯罪行動の信頼できる予測に基づいて、誰を捜査すべきかを決定したり、将来の再犯についての依拠し得る評価に基づいて、誰を投獄するかを決定することは、われわれの多くにとって常識となっている。保険数理の予測のレンズを通して公正な処罰を考えるのは、習性になりつつあるのである。(41)

ハーコートの見るところでは、この見解は根本的に誤っている。というのは、もし法執行の目的が社会における犯罪の水準を引き下げることだとすれば、プロファイルに基づく予測は、犯罪者になる可能性があると同定される人の数を実際には増やすであろうからである。しかし、その目的が、犯罪を予測することであれば、（そうしたプロファイルに基づく取締に対する反応の行動に基づいて）逮捕され起訴される数が増加することは、保険数理的な方法が成功していることの証明となる。この方法は、ドラッグの密売や窃盗からテロや反逆まで、広範な範囲の犯罪に適用できる。そこでは、プロファイリングが、犯罪者の仮面を剝ぐ一つのステップなのである。逆説的なことに、先回りして将来を予測することは、かなりの部分、それを現在の一部にすることである。近代的支配のツールとしての数の言語は、社会的カテゴリーの構築、イアン・ハッキングが「ループ効果」と呼んだものによる表象の数量化と密接な関係がある。(42)

法を破るかもしれない個人を――それが軽犯罪であれ、テロであれ、政治的な抗議であれ――国家がプロファイルするために、統計的なデータの集積が重要な手段となっているという事実、そして、それによって、その権力と権威に異議を申し立てようとする人々が行動が抑圧されていることは、よく知られている。しかし、プロファイリングは、法に違反する者やトラブルメイカーを、その個人が所属する疑わしい集団を標的とすることで特定する一つの方法であるだけではない。今日の政府と営利企業は、

(41) Bernard Harcourt, *Against Prediction: Profiling, Policing, and Punishing in an Actuarial Age* (Chicago: University of Chicago Press, 2007), 2.
(42) Ian Hacking, "The Looping Effects of Human Kinds," in *Causal Cognition: A Multidisciplinary Debate*, ed. Dan Sperber, David Premack, and Ann J. Premack (Oxford: Clarendon Press, 1995).

（人種や宗教的所属、居住地などの）アプリオリなカテゴリーから始める統計的な手法ではなく、莫大な数の個人の（行動、信念、相互行為パターン、嗜好などの）パーソナルな特徴から始める手法を共有している。それによって、個人の集合として成立する可能性のあるクラスターを特定し、潜在的な犯罪者としてだけでなく、おそらくより重要なことに、消費者や投票者として、標的としているのである。この場合におけるクラスターは、計算手法の産物であり、あらかじめ存在している文化的集団ではない。こうした集団は（情報収集主体によって、つまり、私企業や政府の部門が独立に、あるいは、相互の協力のもとに）数学的に構築され、それに所属するものとして分類される個人には知られることがないので、個人は、連帯した集団として操作的権力に抵抗することができない。その集団の他の構成員を知らないからである。この意味で、国家の増大する権力に対する、（伝統的なものであれ、そうでないものであれ）自己構成的な集団の相対的な強さは、大きく失われている。(43)

VI

国民国家による疑いや先制行動を正当化する背信やその他の形態の犯罪についてだけでなく、「国民的連帯」それ自体がどのようにして守られ、作り出されるかについても考えておくべきだろう。それを考えてみることは、危険が認識されている環境で市民の心理が判読しにくいものとして提示される場合における、近代国家の監視とパラノイア患者の態度の類似点についてさらに考察する助けとなるかもしれない。しかし、この二つには決定的な違いがある。近代国家は、自らを守るために、「公的な行動」と「真の意図」との間のギャップに潜む、脅威と見なし得るものを捜索しているだけではない。個人のパラノイアと異なり、国家は、市民をそのイメージに沿って作り直そうとしている。

『新しい社会問題』と題された著書において、ピエール・ロザンヴァロンは、次のように記している。一八世紀までは、「社会的紐帯を想像するために利用可能な三つのモデルがあった。（意識的な政治的決定から帰結する）契約、（人々を経済的に結びつける見えざる手として作用する）市場、（連帯の見えざる手として働く）保険である」(44)。この三つは、すべて数を用いる。国政選挙による支配者の決定、リベラル国家によって維持され守られる市場経済の状態、市民の人生の必要に対するケア。この三つの状況は、いずれも、数の言語によって、偶然性を確率へと翻訳することで、不確実性を完全に取り去ることができないにしても、数量化し、保険数理的なテクニックによって操作できるようにする。

ロザンヴァロンは、近代国家のこの三つのモデルの違いについて検討してはいない。第一のものは、理念化され（典型的には憲法典に表明され）ており、第二のものは、金融資本主義への新しい道筋に不可欠である（そして、格差を助長し、怒りを増幅する）。第三のものは、集合的責任と自己利益の価値の間の不適合性を示している（一方は、人間の必要に応答するものとしての保険、他方は、利益獲得と政府の統制に対する応答としての保険）。

（最初の近代的共和国である）合衆国の創設以来、アメリカの政治的エリートは、共和国の堕落と衰退と

（43）Josef Ansorge, *Identify and Sort: How Digital Power Changed World Politics* (London: C. Hurst & Co., 2016) を参照。

（44）Pierre Rosanvallon, *The New Social Question: Rethinking the Welfare State* (Princeton, N.J.: Princeton University Press, 2000), 12.〔北垣徹訳、『連帯の新たなる哲学——福祉国家再考』勁草書房、二〇〇六年、一三頁〕

いうよく知られたテーマに悩まされ始めた。ウィリアム・アダムスは、聴衆に、次のような事実を突きつけている。「あらゆる歴史は、同じ物語を記録している。自由でありたいと考えた人々は、自分たちの成功によって挫折し、自分たち自身の勝利によって葬り去られる。独立は富をもたらし、富は奢侈をもたらし、奢侈は統制への忍耐を失わせ、そして、優柔不断、腐敗、隷属、破壊へと急速に進んでいくのである。[45]」憲法に体現された政治的契約では十分ではない。アダムスは次のように指摘している。「われわれの自由は、憲章や憲法によって保障されているかもしれない。しかし、自由の過剰に対しては、誰がまたは何がわれわれを守ってくれるのだろうか。個々の人間による自己管理か。[46]」一八世紀後半から一九世紀にかけてのエリートの多くに対して、このようなやり方で投げかけられた問題の答えは、個々の市民の規律ある性格に反映するような国民的文化を発展させる必要がある、というものであった。

共和国衰退の亡霊は、それに続いた急速な産業化と領域的拡大の時代の中で消え去ったけれども、憲法の理念と、政治的、軍事的、金融的エリートの無制限の野心との拡大しつつある分裂を強調する形で、近年再び甦りつつある。徐々に規制緩和された経済によって作り出された社会的分裂は、先例のない程度まで進行しているが、政治的不安定性は、――少なくとも国家の境界内では――娯楽文化と、法的秩序を維持する任務を果たす（公式に国家の一部であるものもあれば、そうでないものもある）組織によって、抑え込まれてきた。（ともに憲法に従属する）国家と受託企業の同盟は、監視と管理の高度に洗練されたテクノロジーとともに、リスクを定式化するための統計的言語を用い、潜在的な破壊者の仮面を見破ろうとする。しかし、世俗化の最大の目標は、その先に、つまり、仮面とそれを身につけるものとの間の距離を決定的に奪うことにある。

ヨーロッパの思想家や政治家は、保険の制度化を、世俗化されたリベラル社会が作り出した主要なディレンマに対する解決と見なすようになってきた。それは、（国家はそこに所属しているすべての人に負債を負っているという）連帯の原則と、（各人だけが自分自身の人生の所有者であるという）責任の原則とを和解させるものである。この和解が表明される言語は、統計であり、その世俗性（確率論は神聖な力に訴えることなく不確実性を扱う合理的な方法である）だけでなく、個人的な自由と集団的な自由を和解させるその能力も、特筆すべきである。近代領域国家は、物理的な攻撃に対して（防衛という形で）その市民の生死に関わるだけではない。それは、その健康と福祉も保証する（生政治の）任務も負っているのである。

ロザンヴァロンは、次のように指摘している。一九世紀と二〇世紀の経済的技術的な発展は、この和解と見えたものを極めて疑わしいものとした。社会的な連帯と個人的な責任の境界が不鮮明になり、平等な権利と不平等な選択の境界も明瞭ではなくなったからである。彼は、次のように主張している。「個人の態度の社会的コストがより顕著な形で明らかになるにつれて、連帯と自由は、別々の道を歩むようになる。[47]」彼が挙げている例は、たばこを吸う自由を主張する喫煙者は、何らかの形態で国家によって供給される医療に対して平等の権利を持っていないと見なされるようになる、というものである。しかし、ロザンヴァロンが注記するところでは、国民保険の衰退は、必ずしも国民的連帯の衰退ではない。

もっとも、彼は述べていないが、連帯の問題を考える際に欠かすことのできない問いがある。第一に、

（45）V. P. Bynack, "Noah Webster's Linguistic Thought and the Idea of an American National Culture," *Journal of the History of Ideas* 45, no. 1 (January-March 1984): 99-114 に引用されている（p. 99）。
（46）Bynack, 100.
（47）Rosanvallon, *New Social Question*, 21.〔邦訳三四頁〕

保険の実施が、どのようにしてリベラル国家において発展し、それによって連帯を形成し、あるいは、形成し損なったのか、という問題である。第二に、後者の問題と密接に関係して、リベラル国家によって強く奨励され、増大しつつある、貯蓄の金融市場への投資は、どのようにして「民主化」されたのかという問題である。(48) 第三に、かつて植民地だった国々からの移民（そして、より最近では、南からの難民一般）が、どのような形でそれに異議を申し立てたのか、という問題である。これらの問題はいずれも、相互の責任と他者の意図の不確定性が、どの程度まで、また、どのような形態で、世俗の国民国家内部で、あるいは、それを越えて拡大し得るか、という問題に関するものである。そして、これらすべての問題に、数の言語は関わっている。

以下では、保険の魅惑的な歴史の、極めて限られた部分に焦点を当てることにする。

Ⅶ

初期の生命保険に関しては、神の意志を予測し、神の意志を妨害しようとする試みであるという理由から、多くの信仰者がそれを認めなかった。しかし、まさにその理由によって、保険と確率論は、宗教的信念に対する世俗の知識の優越性を示すものであると論じる者もいた。(49)

倫理的考慮に基礎付けられた法的推論という視点からの保険へのアプローチは、もちろん、異常なことではなかった。『啓蒙における古典的確率』において、ロレイン・ダストンは、「一七世紀の法則的実践と理論によって、数学的確率の最初の表現が形成され、古典的理論に、その最も特徴的で持続的な特徴の内の二つを刻み込んだ。それは、確実性の程度としての確率の「認識論的」解釈と期待値の概念の重要性である」[50]と指摘している。

（48）イヴァン・アッシャーの記述によれば、「二〇〇七－八年の冬までには、社会のあらゆる部分が変形されてしまった。合衆国における利益の三分の一は金融セクターで生み出され、公私の負債は記録的な額に積み上がった。かつては少数のエリートの特権だった金融市場へのアクセスは、公式には民主化された。商業銀行は、今や、世界の金融市場に富を投資することができた（一九三三年のグラス・スティーガル法は直前に廃止された）。多くの人々の退職後の蓄えが、少数の年金ファンドによって運用され（したがって、彼らの将来は、市場の変動いかんにかかっていた）、アメリカ政府自体も、「所有者社会」（ownership society）を積極的に促進していた。そこでは、ウォール街からメインストリートまで、あらゆる人々がゲームに関わっていた。」Ivan Ascher, *Portfolio Society: On the Capitalist Mode of Prediction* (New York: Zone Books, 2016), 13.

（49）今日では、多くのムスリム国家で保険は依然として禁止されている。その根拠は、クルアーンによる賭け（*maysir*）の禁止である。金融的な投機／賭けの禁止の背景にあるより一般的な原則は、貨幣は、売買で入手できる商品と見なされるべきではないということである。そして、投機が禁止されるのは、人間が知らなかったり知り得ない（「神のみぞ知る」）ことがあることと、賭けの結果によって、何かをしたり利益を得たりすることは別だからである。近代的な意味における保険のアラビア語に関しては、特に営利企業によって提供される保険（*amn* に由来する *ta'mīn*「保証契約（security）」）は、相互的な責任や義務という意味を持つ別の単語 *takāful*（*kafāla* に由来、「保証（guarantee）」）にとって代わられている。*takāful* という単語は、同じ文脈で、金融問題において投機を避けるためのアレンジメントの意味でも用いられる。したがって、産業化時代のヨーロッパにおける労働者の「友愛組合」の組織的経験とは、並行関係がある。

（50）Lorraine Daston, *Classical Probability in the Enlightenment* (Princeton, N.J.: Princeton University Press, 1988), 6. これらの特徴は、ともにシャリーアの歴史の中に（信仰を弱めたり強めたりするという観念や射幸的な契約における公平の観念の中に）見てとることができる。もっとも、ムスリムの社会では、その数学化は発展しなかったのだが。

したがって、保険の歴史は、合理的な思考のもう一つの勝利であり、不確実性や無知の状況において用いられる数学的なテクニックの単なる発展という以上の意味がある。そして、近代の保険も、単なる連帯の発展の表現ではない。それは、相互的な責任と扶助の範囲と方向に関する、そして、それが促進する社会の種類に関する根底的な転換を表している。この転換の中で、中央集権化された国民国家とその同盟者である企業によって、統計は、蓄積され、分類され、実行された。もちろんそこには、もっとも重要なものとして株式売買が含まれていた。

例えば、初期資本主義世界（正確には前資本主義世界かもしれない）の他の地域と同様に、一九世紀のイギリスにおいては、労働者が、「友情、兄弟愛、慈善」の基礎の上に、お互いの個人的なニーズや家族のニーズに対処するために、自発的な組織化を進めた。その組織は友愛組合として知られるようになった。イギリスの相互扶助組織についての歴史家であるピーター・ゴスデンは、次のように書いている。「この時代の友愛組合の実践に関する研究は、「勤勉なる階級」がわずかな楽しみと色合いを自らのくすんだ生活に与えようとした方法について、いくらかの光を当てている。初期においては、組合での社交活動が最大の重要性を持っており、……自尊的な社交という、生活の不可欠の部分であった。入会の儀式、支部室での楽しい交際、毎年の「クラブの日」の祝賀などが、組合員には大きな意味を持っていた。[51]」こうした儀式は、友愛の感情を表現し、構成員たちが生活形式を共有している地域的な連帯の感情を確認するものであった。こうした組合が達成しようとしていたもの、あるいは、彼らの生活に「真に」欠けていたもの（わずかの楽しみと色彩）に替えようとしたものは、「平等」ではなかった。それは、ともに暮らしているすべての人間に起こり得る人生の不幸に対する現実的な関心であった。しかし、彼らの意志に反して、新しい言語が導入された。

ある推測によれば、一八世紀の終わりまでにイギリス国内には数千ものそうした組合があったという。[52]しかし、後の制度とは異なって、友愛組合は、病気、就労不能、葬儀費用だけを負担するものであり、退職後の収入はその対象ではなかった。実際、当時の労働者や労働の流動性を考えればわかるように、「退職」というカテゴリーは、はるか後にならないと結晶化されてこない。このカテゴリーが登場するのは、友愛組合が衰退し、国家や（後には）営利保険会社によって支払われる老齢年金が出現して以降のことなのである。それは、近代国家と近代社会が相互に形成し合った時代であり、階級対立と階級的戦略が発展していった時代である。その時代に、国家権力は、社会的連帯と安全の問題の解決者として、姿を現し始めた。[53]

国家がその範囲と野心を拡大するにつれて、合法的な友愛組合は、統治エリートの疑念を増加させ、計算の言語の実質的な強制の下に置かれることになった。[54]こうした疑念が抱かれた理由は、それが労働者階級の構成員に社会的なサポートを提供しているからだけではない。伝統的な国家機構（議会、地方政府など）が、あらゆる直接的な労働者階級の参加を閉め出している時代に、友愛組合は、彼らに政治

（51） P.H.J.H. Gosden, *The Friendly Societies in England, 1815-1875* (Manchester, U.K.: Manchester University Press, 1961), 10.
（52） John Macnicol, *The Politics of Retirement in Britain, 1878-1948* (Cambridge: Cambridge University Press, 1998), 112.
（53） ロビン・ブラックバーンは、年金の出現を、一九世紀の信仰復興運動期の高齢者の懐疑と関連付けている。彼の興味深い著作を参照。Robin Blackburn, *Banking on Death: Or, Investing in Life; the History and Future of Pensions* (London: Verso, 2002).

的経験の機会を提供していたからでもあった。[55] この歴史的な転換は、宮廷から日常的な主体へと仮面の意識が——それゆえ、本心を隠したり、反逆の記号を読み取ったりする必要があるという意識が——さらに広がっていったものと考えることができる。それゆえ、振り返ってみると、友愛組合については、二つの矛盾する見方ができる。一方で、それは労働者の連帯の歴史の一部であり、実際に支配エリートに圧力を与えて福祉国家形成の道を開いたものの一つである。他方で、国家への依存（リバタリアンは市場を支配するもの——彼らの言う「企業」に依存することを望むが）に取り込まれる以前の、労働者階級自身によって望まれ、可能でもあったはずの私的なイニシアティブの一例である。[56] どちらの場合でも、保険（と遡及的な法の侵犯）を定義し規制する法の優越的な立場は、統計によって可能になったのである。そして、それは近代国家にとってと同様、私企業にとっても不可欠な言語であった。

友愛組合に対する統治エリートからの敵意は、強かった。[57] 国家の統治エリートに友愛組合の存在がもたらしたものは、それが貧者を支援する金銭的コストを低下させるのに役立つという主張に対する懐疑論と、より重要なことに、労働者階級の反逆の可能性に対する憂慮であった。国家の支配階級の目からすれば、地域共同体の利益を表明する労働者階級の組合の意図は、常に両義的なものであった。統計の抽象的な言語が、不確実性を再定式化し、不服従の危険や、反逆の可能性さえ予測することができる最善の方法として、最終的には提供された。

一九世紀の最初の七五年間は、議会が友愛組合を監視しており、したがって、その当時でさえ、完全に国家から独立していたわけではないが、一八七五年の組合法で初めて、友愛組合登録所に登録することを、とりわけ自らの財産を持つ場合や、法的な訴訟を起こす場合には、要求されるようになった。登録によって、それまでなかった登録所による規制に服することが要求された。その規制とは、適切な会計監査、支払の必要に対する金銭の出入の比率、そして、一般的には、保険事業を経営するための「健全な規則」の採用として記述されているものである。やがて、こうした相互扶助組合に対して（生命保

(54) ジョン・マクニコルは、次のように書いている。「ローズ法（一七九三）から八〇年後、友愛組合は、不安定な存在であった。職人組合と同様、それは半ば違法の薄暗い世界に位置していた（彼らの肩書きに「忠誠」という語が頻繁に出てくるのがその証拠である。また、集会におけるあからさまに政治的な議論は、しばしば禁止された）。……つまり、組合は本質的に脆弱であった。そして、構成員としての政治的に従順な労働貴族に対しては、国家はあからさまな統制を加える必要をほとんど感じなかった。」Macnicol, *Politics of Retirement in Britain*, 114.

(55) Macnicol, 113.

(56) ゴスデンは、イギリスの友愛組合が引き起こした問題に応答した、一八八〇年の郵便長官の演説を引用している。「あえていえば、自助と自立だけが、社会的進歩、国民的進歩、さらに付け加えれば、道徳的進歩の唯一の保証であることは、いくら肝に銘じても銘じ過ぎではない。自分自身を信頼するのではなく、国家の援助に依存することを人々に促す立法は、よく考えられたものであったとしても、最終的には、計算不可能な害を及ぼすことが明らかになるだろう。人々の状態を改善するという目的を前進させるあらゆる手段に対して、以下の単純なテストが適用されるべきである。それは、人々の自助に依拠するものなのか？」（Gosden, *The Friendly Societies in England*, 164, 強調は原文）。営利保険会社への信頼の増大は、もちろん、自立の一部として理解された。実際には、国家の立法の前提条件ですらあったのだが。

(57) ゴスデンは、一七九三年の農業委員会報告の結論を、階級的疑惑が浸透した典型例として引用している。「友愛組合の会合はパブで開かれていたが、それがパブの数を増加させることになり、やがて当然ながら怠惰と放縦をもたらした。暴動を煽り、違法な同盟を形成する多くの機会が与えられ、実際にそうした者もいた。そして、私が読み観察した範囲では、友愛組合を一般的かつ拡張的に利用することによって、我が国の貧困率が下がることはなかったし、今後も下がる可能性はほとんどない。むしろその逆である……。」Gosden, 3.

険表や均衡予算などの）「健全な科学的原則」が国家によって強制され、その財政的基盤を変えただけでなく、それが表明していた人間的なニーズと無条件のサポートという価値を最終的に破壊することになった[58]。リスク管理への転回は、国家の要請と（構成員の年齢その他の個人的状況に関する情報の収集と、適格性、支払月額、最終的給付に関する規則に基礎を置く）確率理論の使用によって作り出されたものであるが、事実上、友愛組合は、かつて目指した諸価値を放棄し、国家によって導かれ規制される、個人間関係のまったく異なるパターンへと転換していくことになった。友愛組合は、構成員の病気や死亡の確率を集合的に計算することによって利益を出そうとしていたのではなかったし、近代保険企業がそうしているように、日々の利益を確保するために保険数理表や計算を必要としてはいなかった。

したがって、保険のための統計使用の増加は、他の無数の政治的な目的のための統計の使用と同様、発展しつつある国家にとって、多数の主体の隠された意図を読み取り、処理するに際して、不確実性を克服する必要が増大してきたことの現れである[59]。

Ⅷ

リスクに対する態度が今や変わりつつあるのは、興味深い。それは、効率性増大の一つの指標として、保険の民営化が進展した結果であると同時に、肯定的な用語でリスクそれ自体が再概念化された結果でもある。つまり、過度の保護は、人々の物質的、精神的な発展にとって望ましくないことであり、個人の性格にとってだけでなく、国家経済にとっても望ましくないことであるという考え方が、広く宣伝されているのである。例えば、リスクは、避けるべきものや管理すべきものであるとする古い見方を離れて、かなりの範囲の個人の行動において、特に株式市場の文脈において、今やむしろ、求められるものになっている。それは、「証券化」として知られる過程によって、富を生み出す（そして、富を失わせる）主要な源泉となっているのである。（食糧や医薬品の公的な消費、軍事的作戦の結果などの[60]）多くの問題で、予見可能な被害を、総体的に最小化したり避けるように求める、これとは矛盾する要求がある。しかし、新しい資本主義での挑戦に適切だと考えられている柔軟な個人主義の奨励は、次第に――そして得意げに――「危険と隣り合わせの競争」であり、「リスクと一体である」と記述されるようになってきた。[61]この文化は、公的領域において仮面をかぶる、戦略化された個人の社会と成功の最終的な規範としての効率性というゴフマンの構想に、よく適合する。この種の競争的個人主義の増大は、明らかに集団の中の

---

(58) Nob Doran, "Risky Business: Codifying Embodied Experience in the Manchester Unity of Oddfellows," *Journal of Historical Sociology* 7, no. 2 (June 1994): 131-54.

(59) ロザンヴァロンが指摘するように、保険は所与の人口にリスクを拡散する手段であり、それゆえ、社会的な連帯を構築する一つの方法である。それは、責任の構築にも重大な含意を持っている。しかし、過去数十年にわたって、欧米ではリスクと責任の構築方法に関する重要な変化が起こってきた。アメリカでは、――メディケア、メディケイド、自然災害保険といった戦後の制度を含めて――歴史家がニューディール時代と呼ぶ時期に、公的保険や私的な保険が大きく拡大し、イギリスで福祉国家として知られることになるもののかなり限定されたアメリカ版が形成される手助けとなった。西ヨーロッパでは、戦争の直接の経験が、同じ方向へと押しやることになった。しかし、アメリカとヨーロッパの国々によるネオリベラル政策の受容と共に、保険の民営化が拡大していった。その基礎は、リスクの個人化が集合的資源に対する要求を弱めるであろうという経済的な議論と、責任の個人化はその人にとって望ましいことであるという道徳的な理由にあった。

(60) おそらくもっとも驚くべきなのは、いかに最小化されても、死傷者に対する大衆の批判が軍事行動にはつきまとっていることである。もちろんそれは、アメリカの兵士に関してであって、外国の民間人に関してではない。

構成員としての個人の経験を分断し、それを抽象的なものとする。個人の間の相互的な信頼と責任の感覚を作り出すことは、より困難になる。代わりに、信頼の場には疑念が増大していく。(例えば、私は、二〇一七年三月に、あらゆる通信に警戒し疑問を持つように警告する、次のような注意を銀行から受け取った。「あなたに文章を送ったり電話をかけてくる人が、自分で名乗っている通りの人間だと考えてはいけません。」)仮面を突き合わせる社会では、リスクの管理は重要な課題であると同時に重要なチャンスでもある。そして、時間が断片化されているところでは、言説的伝統の維持は、次第に困難になる。[62]

ネオリベラル政治による福祉国家の解体は、もちろん国家の解体を意味しているわけではない。古典的経済理論とは対照的に、ネオリベラリズムは、緊縮財政、民営化、規制緩和、無制限の自由貿易、ビジネスの利益と衝突する市民権の戦略的な制限などによって、市場を基礎とする社会と経済を保障する強い国家に依存している。(私的には)銀行と(国家では)軍部によって媒介される産業と金融機関との密接な関係によって、西洋のネオリベラル国家は、グローバルな戦争国家にもなっており、グローバルな脅威の可能性、特にエネルギー資源に対する脅威に対して、しばしば、代理を使って影響を与えている。国家による暴力とテロの使用のよく知られた帰結の一つは、中東やアフリカ全域の不安定化であり、その結果としての非国家的なテロリズムの発生と激化である。そして、それによって、普通の市民の間には一層恐怖と不安が高まり、国家による治安活動の増加と、西洋のリベラルな民主主義の軍事化と呼ばれるものが求められるようになる。[63]あまりにも多くの金融的・イデオロギー的な投資が、この恐怖や不安を鎮めるためになされているように思える。特殊利益が、集合的関心に勝利しているのである。

もちろん、戦争は、重要な国内的帰結をもたらさないわけではない。過去二世紀にわたって、全体戦争は、国家的暴力によって外的な脅威を撃退し、国民国家によって決定的な形で主導された国民的連帯の感情を創出した。それに加えて、全体戦争は、法的行政的テクノロジーによって、世俗の市民性を構築する機会を作り出している。(64) この技術に決定的に重要なものは、またしても数学的言語であり、その使用は、近代国家における保険事業をはるかに超えて拡大している。その言語は、経済、犯罪、健康、教育などに関連した政策に不可欠のものであるだけでなく、科学的技術的な調査にも欠くことができないのである。

数学的言語の使用が増えるにつれて、一部の統計の誤解を招く性格が批判されるようになってきた。しかし、確率理論は、近代国家の政策に不可欠の言語であるだけでなく、公的な議論にとっても十分役立つように作られている。（一九五八年に私が買って読んだごく入門的な統計の本は、『統計で嘘をつく方法』

（61） Shona Brown and Kathleen Eisenhardt, *Competing on the Edge: Strategy as Structured Chaos* (Boston: Harvard Business School Press), 1998.〔佐藤洋一訳、『変化に勝つ経営――コンピーティング・オン・ザ・エッジ戦略とは?』トッパン、一九九九年〕、および、T. Baker and J. Simon, eds., *Embracing Risk: The Changing Culture of Insurance and Responsibility* (Chicago: University of Chicago Press, 2002).

（62） イリヤ・プリゴジンは、次のように言っている。もし時間が（連続する）出来事の非対称性として定義されるとすれば、時間の断片化は、出来事を修復不可能なほど破壊するだろう Ilya Prigogine, *The End of Certainty: Time, Chaos, and The New Laws of Nature* (New York: Free Press, 1997〔安孫子誠也、谷口佳津宏訳、『確実性の終焉――時間と量子論、二つのパラドクスの解決』みすず書房、一九九七年〕）を参照。

（63） 皮肉なことに、テロ攻撃の不安の増大（と国家はテロから市民を護るためにその権力でなし得るあらゆることをするだろうという必然的予測）は、――エクストリーム・スポーツ、ドラッグの使用、金融的投機の形態での――個人の経験としての危険の可能性の増大と並行している。

（64） Y. Yamanouchi, J. V. Koschmann, and R. Narita, eds., *Total War and "Modernization"* (Ithaca, N.Y.: Cornell University East Asia Program, 1998).

と題されていたが、その言語の基本的な文法を教えてくれるものであった。）しかし、次のことは強調しておくべきであろう。つまり、統計が社会的現実を表しているか表していないかについて議論があり得るという事実を越えて、数学的言語はそれを作り直すことができるのである。(65)『フォイエルバッハについてのテーゼ』の中で、マルクスは、有名な次のような文章を書き記している。「哲学者は、世界を様々な方法によって解釈しているだけである。しかし、重要なのは、それを変えることだ。」このスローガンは、数学という世俗の言語が現実を数字に翻訳し、それによって世界を規制し改革する時に、もっとも有効である。

統計的なデータと数学的なテクニック一般は、近代的統治の目的にとって、歴史的な意味で重要であっただけでなく、相補的な形で、世俗社会の発展にとっても重要であった。なぜなら、国家と経済は、——徹底的に規制緩和された経済においてさえ——切り離せないほどに結びついている以上、(66)近代国家だけではなく、資本主義経済も決定的に数学に依存しているからである。

例えば、マーティン・コーニングスは、後期資本主義の基本的な性格の変化を次のように要約している。

現代の資本主義は、投機的な金融的形態が、基礎にある価値から切り離されていく過程として理解されるべきではなく、投機と緊縮の要請の相互作用という観点から理解されるべきである。ネオリベラル生活の金融的評価は、偶然性に関与する不可避の必要と、リスクへの信念ある関与それ自体が経済的および精神的な確実性の源泉であるという教義との間の緊張によって生成される感情的な充電に、その回復力を負っている。(67)

こうした変化の明白な帰結は、相互的な責任とそれに基礎をおく社会的連帯の可能性が、仮面をつけた個人の世界へと次第に変化していく——そして消失していく——ことである。

IX

締めくくりに、世俗世界における国民的連帯の問題とそれが利用する言語について考えてみることにしよう。私が提示したいのは、リベラルな民主主義国家が世俗的であるのは、それが数の言語に決定的に依存しているからであり、かつ、その範囲においてのみである、ということである。国家がどこに帰

(65) 人類学における初期の統計概念を通して、この問題についての予備的な主張をしようとしたことがある。Talal Asad, "Ethnographic Representation, Statistics and Modern Power," *Social Research* 61, no. 1 (Spring 1994): 55-88 を参照。ウォール街で統計を使った活動をした経験のある論者による、統計がデモクラシーに対して持つ否定的な意味への強烈な批判は、Cathy O'Neill, *Weapons of Math Destruction* (New York: Crown, 2016)。

(66) マーティン・コーニングスは、次のように説明している。「(カジノ資本主義の典型的な表現として通常描かれる) デリバティヴ市場では、ヘッジと投機的金融の明確で簡単な区別はすべて働かなくなる。リスクの回避と保証は、それ自体投機的な提案となり、金融的位置の継続的な変更が必要となる。デリバティヴ取引は、(リスクそれ自体を交換可能な商品とすることによる) 基礎にある価値の不在に対する応答として理解することができ、それゆえ、(逆説的にも) 尺度が優越する体制を作り上げていると考えることができる。」Martijn Konings, "State of Speculation: Contingency, Measure, and the Politics of Plastic Value," *South Atlantic Quarterly* 114, no. 2 (2015): n1.

(67) Konings, 273-74.

属するかを最終的に決定するのは、計算なのである。

第一章で、私は次のように書いた。「自分自身とその権力の維持を主要な関心とする近代国家が——そのもっとも重要なコミットメントは、それ自身とその権力を、いかなる犠牲を払っても維持することだが——道徳的な勧告に応答し得るかどうかは、そして、応答するとすれば、いかなる言語によって応答するかは、ハーバーマスが論じていない問題である。」草稿段階で、この文を読んだある友人は、包括性への道徳的要求は、まさに「国民」（包括的な連帯的集団内部の平等な諸個人）という観念を喚起することによってなされ得るのではないか、と主張した。これは重要な点であり、しばしば国家に対する申し立てがなされる場合のやり方であることは確かである。しかし、二つの理由から、それには問題を感じている。第一に、「国民」の排他主義的な定義が、（「真の国民は、「アーリア人である」とか「アングロ-サクソンである」とか「ユダヤ人である」とか「ヒンドゥー教徒である」」などのように）国家の権威を強化するために容易に用いられてしまうからであり、第二に、近代国家それ自体は想像された「国民文化」からイデオロギー的に排除されることが必要である一方で、その「国民文化」は、不可避的に数的多数派と結びつけられているからである[68]。後者の理由は、特に検討に値する。なぜなら、国家は、（その市民の生命と財産を守るという）その目的のために、区別し差別する力を正統化して用いることができるからである。国民国家の実現と全体性は、他者に対する道徳的損害や物質的損害が不可避である場合でも、それとは関係なく、維持されなくてはならない。

リベラルは、そのアイデンティティが数的な多数派に依存している近代国家の建設を「人民」（すなわち「国民」）の道徳的権利と見なす傾向がある。こうした議論の例として、イギリスのジャーナリストであるジョナサン・フリードランドのイスラエル建国を扱った記事を取り上げてみよう[69]。この国家に関して興味深い点の一つは、その建国が、宗教的動機と世俗的動機の双方に基づくヨーロッパの強国の支援によって可能になったという事実である。帝国主義的戦略の考慮に基づくものは置くとしても、それはキリスト教の（当初は神学的であり、後には人種的であった）「ユダヤ人問題」に対する世俗的な回答であり、シオニストのキリスト教徒とシオニストのユダヤ教徒の両者によって、「自然的なもの」として認められたヨーロッパの反ユダヤ主義の一形態である。初期のシオニストについて言えば、そのほとんどすべてが無神論者であった。イスラエルの概念史研究家であるアムノン・ラズ－クラコツキンは、「世俗的シオニズムは、次の言葉で要約することができるだろう。神はいない。しかし、神はわれわれに土地を約束してくれた」[70]と述べている。

フリードランドの徴候的な記事は、すでに人が住んでいる領域に国家を建設して征服することを目的とし、近代国民国家に適切な人口的配置を作り出そうとする強力なイデオロギー的運動の翻訳である。その正当化は、入植者による元々の住民の征服を、人間のイメージに翻訳することによって達成される。つまり、自然の致死的な力に対して戦っていた二人の個人が、形式的には平等だがどちらかにしか利用できないチャンスに遭遇したものとして描いているのである。フリードランドは次のように書いている。

（68）二〇世紀における民族浄化の議論に関しては、Michael Mann, *The Dark Side of Democracy: Explaining Ethnic Cleansing*（Cambridge: Cambridge University Press, 2005）を参照。
（69）Jonathan Freedland, "Yearning for the Same Land," *New Statesman*, July 18, 2012.
（70）Amnon Raz-Krokotzkin, "Secularism, the Christian Ambivalence Toward the Jews, and the Notion of Exile," in *Secularism in Question: Jews and Judaism in Modern Times*, ed. Ari Joskowitcz and Ethan B. Katz, 276–98（University of Pennsylvania Press, 2015）, 288.

パレスティナをユダヤ人国家とアラブ国家という二つの国家に分割する一九四七年の国連決議によって与えられた法的権利に加えて、イスラエルは、道徳的権利、つまり溺れる人の権利を持っていた。溺れている人は、たとえ他の人がすでにつかまっているとしても、同じ流木をしっかりとつかむ権利がある。溺れる人は、もし必要であれば、力ずくで、それを分け合うよう強いることさえできる。しかし、この道徳的権利は、彼がもう一人の人を海に突き落とした瞬間に終わりになる。ユダヤの人々は、ホロコーストで虐殺され、何世紀もの間迫害を受け、一九四八年には苦しみにあえいでいた。彼らの故郷の必要は、歴史上の他のどのような民族とも同じくらい大きかった。彼らは、他の民族、つまりパレスティナ人の犠牲が莫大であったとしても、行動する権利を有していたのである。(71)

国家形成の過程を個人の生存本能に翻訳することにより、フリードランドは、人間が自らの生命を守る道徳的な権利と、入植‐植民国家が国家として存在するようになるための自己決定という政治的な権利を等置している。何世紀にもわたって人が住んできた土地は、誰のものでもない流木に翻訳され、知られざる破局が二人の生存者を同じ漂流物へと向かわせたことになっている。フリードランドは、イギリスの植民地領域の一部（委任統治領パレスティナ）を「将来のユダヤ国家」として割り当てた一九四七年の国連決議を思い起こさせているが、その決議で「将来のパレスティナ国家」として割り当てられた土地が、新たに宣言されたイスラエル国家に併合されたこと、それも、民族浄化なしではユダヤ国家は人口学的にあるいは領域的に存続可能ではないであろうという理由で、パレスティナ住民を排除した後に併合されたことには、一言も触れていない。(72) ここには共有という問題は存在せず、「ここは私のものだから、君のものではない」という問題だけが存在した。

偶然の破壊によって同じように危機に晒された二人の人間のイメージは、パレスティナ難民にイスラエルにある彼らの故郷に帰る権利を認めた（しかしイスラエルに無視されている）、一九四八年の国連決議一九四号にもあてはまる。[73] 多くのイスラエル内外のユダヤ人が、個人としては、故郷を追われたパレスティナ難民の権利について声高に語ったが、この問題は、イスラエル国家の道徳的な関心事ではなかった。イスラエルは、ユダヤ人国家であるので、流入してくるユダヤ人移民の権利だけを認めた。そして、

（71） Freedland, "Yearning for the Same Land."
（72） パレスティナの民族浄化に関するもっとも包括的で信頼できる説明は、イスラエルの歴史家イラン・パッペによるものである。Ilan Pappé, *The Ethnic Cleansing of Palestine* (Oxford: Oneworld, 2007).（その当時は西側列強によって支配されていた）国連は、故郷を追われたパレスティナ難民の帰還を条件とすることなく、新国家イスラエルの加盟を承認した。この国際法上の義務が、イスラエル国によって果たされることはなかった。
（73） 「一九三〇年代後半における国際連盟のゆっくりとした崩壊は、難民問題が、新たな形態の国際的権威についての比類なき説得力を持つ根拠を提供するという観念の終わりを示すものであった」と、歴史家ローラ・ロブソンは書いている。「一九四八年のイギリスのパレスティナ委任の放棄と、それに引き続いたシオニストによる一〇〇万のパレスティナ・アラブ人の四分の三にあたる人々の追放の後、新しい国際連合は、国際的な介入を必要とする難民危機という概念を再生させた。解決を見出そうとする国連の初期の試みである国連パレスティナ和解委員会は、難民の帰還と補償のいずれの強制にも失敗した。その後継者［国連パレスティナ難民救済作業機関］は、難易度に違いのある二つの目標を持っていた。それほど難しくない目標は、難民の帰還や補償という微妙な問題に関わらないようにようにすることであり、より難しい目標は、植民者の経済的社会的発展の問題に自ら関わることであった。」Laura Robson, "Refugees and the Case for International Authority in the Middle East: The League of Nations and the United Nations Relief and Works Agency for Palestinian Refugees in the Near East Compared," *International Journal of Middle East Studies* 49, no. 4 (2017): 625-44, at 626.

自らの人口学的な性格を動揺させる可能性のある政策には着手できなかった。

独立した存在としての西岸地区とガザ地区を占領し管理することが、イスラエルはリベラルな民主主義国家であるという主張と両立し得た理由は、この点にある。はるか以前に、カール・シュミットは、次のように指摘している。

現代の帝国主義は経済的技術的な発展に対応する新しい数多くの支配形態を作り出し、それは、本国の内部で民主主義が発展してゆくにあわせてひろがってゆく。植民地、保護領、委任統治、干渉条約、および類似の従属の諸形態は、今日、異質な住民を、国家市民にすることなしに支配し、民主主義国家に従属させ、しかも同時にその国家から遠ざけておくことを、民主主義にとって可能にさせている。「植民地は国法上は外国であり、国際法上は国内だ」というあのみごとな定式の、政治上、国家理論上の意味はそれなのである。(74)

有力な政治哲学者であるマイケル・ウォルツァーは、最近、次のように主張している。

国家の価値は、その内部にある共同体あるいは諸共同体に対してそれが提供する保護だけに存している。国家は防衛のためにもっとも必要とされる行為主体である。軍事的攻撃に対して、自然災害に対して、飢餓や疾病に対して、貧困や高齢者のトラウマに対して。これらはすべてとても重要であり、ある種の愛国主義——われわれの共通の防衛としての国家に対する忠誠とその政治への参加——は正統であるし、正しい。(75)

国家が「共同体あるいは諸共同体」の防衛の究極的な主体であるという命題は、防衛機能が実行される対象となる、明確に定義可能な集合体の存在を前提としている。しかし、防衛者兼維持者として、近代国家は、領域的権力であり主権であると同時に、連帯ある共同体と国家が見なしているものの代表／表象でもある。この文脈における「忠誠」は、「服従」と同じような意味を喚起するが、それは、「自己決定」という近代の世俗の価値によって否定された態度である。ウォルツァーは、さらにこう続ける。「しかし、いわばわれわれに、生きる理由を与え、他の人々と共有している「生活様式」――言語、文化、暦、ライフサイクルを刻む儀礼、われわれのもっとも身近な書物、われわれが認識する光景――を与えてくれるのは、共同体の内的生活である[76]。」

もしある共同体の内的生活が、国家によって他のものよりも選好されるべきではないとすれば、それは国家がすでに、自立した世俗的権力であるからである。しかし、共同体の多数派の「内的生活」の防衛のためには、その多数派そのものの維持が必要だとしたらどうであろうか？　国家‐共同体関係に関して、ここで詳しく見ておく必要があるのは、次の二つの点である。（1）その構成員が生活様式を共有していると言われる統一体としての「共同体」を代表／表象するに際して、国家は他の国家に対して、同質的な実体という公的な外観を提示する。その外観は、特に大規模な近代国家においては実際の国内状況とは異なっている。（2）共同体の統一性を防衛するという国家の主張は、その国家の領域、あるい

（74）Carl Schmitt, *The Crisis of Parliamentary Democracy*, 10.〔邦訳一四一‐一四二頁〕

（75）Interview by Justine Lacroix, "An Interview with Michael Walzer," *Revue internationale de philosophie* 2015/4, no. 274: 459–60. 強調は追加した。

（76）Lacroix, 459–60.

は、その国家に依存する領域内における暴力、秘密、強制の利用を正統化する。共有された生活様式を防衛するというその義務は、国家が共同体をどのように見ているかということと、まったく同じではない。国家は、共同体を代表／表象し防衛しているだけではない。国家が現実に行っているのは、共同生活の複雑な関係から、特定の性格が要求され、維持される一つの統一体としての国民として創り出すことである。そのために、記憶されるべきものと忘れられるべきものが強調される。

『国民とは何か』というよく知られた論文において、エルネスト・ルナンは、次のように議論している。「忘れること、あるいは、歴史的誤りとすらいい得るかもしれないが、それは、国民を創り出すに際して不可欠の要因である。そして、歴史研究の進展が、国民性の原則にとってしばしば危険なものである理由はこの点にある。実際、歴史的な探求は、それがもっとも成功裏に終わった場合でさえ、あらゆる政治的形成の起源で行使された暴力的行為を明るみにだす。[77]」ルナンは語っていないけれども、忘却は、起源に向けられるだけでなく、国民的な性格が確認されるあらゆる瞬間に向けられている。国民国家の存在に前提とされているものは、彼の有名な指摘のように、「日々の人民投票」、つまり、共同生活を続けていくという同意と欲望を数的言語によって表明することだけでなく、国家の内外で行われ続けている残酷な行為に関する日々の忘却——日々の沈黙——によっても示されているのであり、その上に国民の共同生活（とその「自己決定」）は、基礎付けられているのである。[78]

内的な条件を、外的な危険や魅力から切り離すことはできないので、国家は、その市民からの忠誠と、征服した主体からの服従を要求する。政治的忠誠は、政治的主体からの理に適った応答であるだけではない。それは、中央集権的な権威による無条件の要求でもあるのだ。めったに議論されることがない（理由は明らかだろう）のは、「深層国家（deep state）」と呼ばれるものについてだ。中東においては、深層国家は、警察と情報機関だけでなく、それを政治家や企業利益、あるいは組織犯罪へと結びつけるネットワークからも構成される。そして、そのネットワークの構成員たちは、自分たちを国民の「基本的価値」の擁護者とみなしているので、その実現のために法を侵犯することが求められた場合でも、自分たちが法を侵犯したことを否定する。しかし、もちろん、深層国家は、それや国際的なネットワークに依存して有効性を確保している――リベラルな民主主義国家を含む――近代国家の一つの側面であるに過ぎない(79)。

近代世界においては、国家(主権的な領域権力)と共同体(共有された生活様式)は、複雑に絡み合っている。ウォルツァーが推し進めた、保護の対象という共同体の理解は、一九世紀の国民理解とほとんど区別することができない。その理解の基礎となっている前提は、国民は、それ自身の単一の主権国家によって代表/表象されている時にのみ、完全である、ということである。実際、代表/表象の機能とその名において主張される権力こそが、国家を構成している。もちろん、同一の共同体の構成員が、いくつかの異なった領域国家の市民であることもあるであろう。その一つの帰結は、(国家によって代表/表

(77) Ernest Renan, "What Is a Nation?" reprinted in Shlomo Sand, *On the Nation and the 'Jewish People'* (London: Verso, 2010), 45-46.〔鵜飼哲訳、「国民とは何か」、『国民とは何か』所収、インスクリプト、一九九七年、四一―六四頁〕

(78) Renan, 64.

(79) 例えば、Jean-Pierre Filiu, *From Deep State to Islamic State* (New York: Oxford University Press, 2015)を参照。この本のタイトルに明らかなように、フィリュは、現代中東の不安定性と暴力を扱っているが、その原因をその地域における深層国家に求めている。しかし、この説明は、その地に対する欧米の(経済的・政治的・軍事的)介入の複雑な歴史を扱っていないし、近代リベラル国家における深層国家の存在も理解していない。

象され防衛されている）共同体の道徳的権利として現れるものが、世俗のリベラル国家における政治的問題としても現れ得るということである。国家領域内における非国民的人口は、共同体の「共有された文化と生活様式」に対する脅威であるから、共有されなければならないものは何か、それは誰によって共有されなければならないかを決定する権力を、国家は行使しなくてはならない。しかし、少数の人々の持つ、差別され犠牲にされているという認識は、恨みの感情を作り出し、それは、極限的な状況においては、共同体を防衛する国家の能力に挑戦することを目的とするテロ行為の実行を呼び起こすかもしれない。そして、それが今度は、国家による暴力とテロの使用の拡大を導く。こうして、危険なサイクルは進んでいく。

だから、「シオニストのプロジェクトに道徳的権利を与えているもの何か――それは自己決定の権利なのか」という問いに対するリベラルの回答は、独立した国家は権利であるという点を強調することである。それは、確かに答えになっているし、必要な答えでもある。そして、パレスティナの人々は、ヨーロッパにおけるホロコーストとは無関係であるという事実、そして、そうであるにもかかわらず彼らは自分たちの土地を追われたという事実には意味がない。なぜなら、問題となっているのは、手段を問わず、自らを国民として実現する――他の人々の権利と同様の――ユダヤ人の原初的な権利であるからである。(80)「国民的故郷」を創設するという道徳的な権威は、偶然的なものではない。それは、迫害という偶然の歴史に由来するものでも、国家を与えることでそれを終わらせる必要に由来するものでもない。それは、独立した国家において十全に実現される、国民の本質的な権利に由来するものである。「他の人々のいかなる犠牲があるとしても」、すなわち、その国家の創設に際して他の人々に加えられる残酷さが（フリードランドの言葉を使えば）「莫大」であるとしても、である。この道徳的権利は、その国家が様々な国に住んでいるすべてのユダヤ人の保護者たり得ないとしても、なお至高のものである。(81) そして、その土地との古来の結びつきの主張に基礎付けられて国家を創設するという行為によって実現されたのは、完全に新しい何ものかを作り出すことである。つまり、二〇〇〇年前のパレスティナに住んでいたユダヤ人たちとはまったく異なる生活形式を持ち、むしろ、ヨーロッパやアメリカの非ユダヤ人に特徴的な信念、願望、生活形式にはるかに近い人々を市民とするイスラエル国民を作り出したのである。したがって、議論のポイントは、イスラエルがユダヤ人を防衛するということではない（国家である以上、他国の市民であるユダヤ人を防衛することはできない）。それが、以下のような問いをもたらすことである。もしイスラエル国家が、（宗教的か非宗教的かを問わず、あるいは、イスラエル国家の領域内に居住している

（80）この一九四七－四八年のパレスティナ救済プロジェクトの結果は、今や過去のものになってしまっただけでなく、いずれにしても、過去のユダヤ人が蒙った苦痛と、宗教に基礎づけられた国民としての権利を、パレスティナ人よりも重要視していた。シオニズム運動の指導者たち自身は宗教的ではなかったのだが。しかし、二つの関連し合う事実を、このフリードランドの正当化の試みに注釈として追加することができる。第一に、パレスティナを獲得するというシオニストの計画は、ナチスのユダヤ虐殺のはるか以前に遡るものであることである。世俗のヨーロッパ人によって主導され、ヘブライ語聖書に基づいてパレスティナに対する要求の基礎をおいた、一九世紀のナショナリスト運動は、豊かな両義性を生み出した。第二に、ホロコーストのトラウマがいかなるものであれ、イスラエル国の創建は、シオニスト戦士によるパレスティナ人民の民族浄化と共に、ヨーロッパのユダヤ民族に向けられた破壊の脅威が終わった後に起こったもの、つまり、ナチス権力が崩壊した後に生じたものであることである。世俗的／宗教的両義性がいかなるものであれ、このプロジェクトが最高位の道徳的権威に一致するものであれば、リベラルが西岸占領地に対するイスラエルの植民や軍事的な占領そのものを厳しく非難することは容易であろう。しかし、それに対して何かをなすことは難しい。

か否かを問わず）すべてのユダヤ人だけを代表していると主張するのであれば、非ユダヤ人のイスラエル人や非イスラエルのユダヤ人からの忠誠の要求を実現することはできるのであろうか。ラズ－クラコツキンによれば、この問題に答えるためには、ユダヤ人の追放についての豊かな神学的な理解と、世俗のシオニスト国家によって求められている「新しいユダヤ人」という単純化された近代的概念の双方と折り合いをつける必要がある。(82)

リベラリズムにとって、言語は、しばしば必要な政治的な仮面、すなわち（善き良心が求められる時に）真理が話者自身に隠蔽される翻訳の手段である。したがって、リベラルな民主主義が、残酷で抑圧的な国家に変容する時、それはしばしば、必要性や――同じことだが――未成熟の徴候として正当化される。犠牲の「コスト」に関して言えば、フリードランドが、その物語の中で述べているように、リベラルの感性にとっては、残酷な行為ほど気がかりなものではない。なぜなら、それは恣意的な強制の結果ではなく、市場の計算の結果として生じたものとして考え得るからである。アメリカ人ジャーナリストのジョージ・パッカーは、最近、「社会的費用」の問題、特に「自由と安全の間のトレードオフが、民主主義社会においていかに難しいか」について論じている。(83) 市場の比喩によって表明されるリベラルの一種の苦しみは、イスラエル国家とパレスティナの人々との紛争に関する「交渉」への度重なる訴えかけに、より直接的に現れている。――そこでは、両者の間の膨大な力の不均等が、取引をしたいと考えている二人の商人の間のやりとりの絵によって表現できるかのように扱われているのである。この種の議論が持つ権威の根拠は、われわれが扱っているのは、本質的には数量的な価値であり、利得と損失のバランスを実現することが時に難しいことはあるとしても、数字によって客観的な解決が容易になる、という主張にある。

国家を国家として定義している原則は、正当な暴力の独占であるので、そして、暴力と強制を、（警察と国内法という形で）その市民に対して行使するテクノロジーと、（戦争と「外国」人の主権的領域や植民地領域における管理という形で）外部の人間に対して行使するテクノロジーを有しているので、国家が、その任務と政策とを実現するためには、言葉と数学的記号を含む便利な言語を作り出し、維持する必要がある。国民国家は、領土を主張するが、その領土は限定され、防衛され、必要な時には拡張されるので、「民主主義」がその国の政治システムであるともっともらしく主張するのであれば、限定的な移民（そして／または民族浄化）が必要となる。（内的および外的という）二つの国家暴力の形態の収斂は、現代の国民国家において、次第に明白になりつつある。このことは、イスラエルにあてはまるだけでなく、合衆国、イギリス、エジプト、パキスタン、インド、その他あらゆる現実の、あるいは発展途上のリベラルな民主主義にもあてはまる。(84)

(81) 非宗教的なディアスポラのユダヤ人による単一文化の主張は、Jakob J. Petuchowski, *Zion Reconsidered* (New York: Twayne Publishers, 1966) で議論されている。ユダヤ神学者の比較的初期のこの著作は、「ユダヤ民族」(Jewish nation) を定義するという問題を批判的に考察している。「ユダヤ民族」のよく知られたイデオロギー的歴史に対するより最近の批判としては、Shlomo Sand, *The Invention of the Jewish People* (London: Verso, 2009)〔高橋武智他訳、『ユダヤ人の起源――歴史はどのように創作されたのか』武田ランダムハウスジャパン、二〇一〇年〕がある。

(82) このことは Raz-Krakotzkin, “Secularism, the Christian Ambivalence Toward the Jews” の中で、興味深い形で論じられている。

(83) George Packer, “The Holder of Secrets: Laura Poitras's Closeup View of Edward Snowden,” *New Yorker*, October 20, 2014.

最後に、第一章の冒頭で引用したロバート・スキデルスキーに戻ろう。彼は、次のように書いている。

ドナルド・トランプによる合衆国からのムスリム締め出しの要求について、二人の若い友人たちと、次のようなやりとりをした。「ムスリムの移民とリベラリズムの道徳的価値を守ることのどちらかを選べと言われたら、どちらを選ぶ？」と私が聞くと、彼らは、この質問の前提を否定してきた。彼らによれば、移民それ自体は、反動的な道徳的規範を持っているかもしれないが、現代のイギリス、アメリカ、あるいは大陸ヨーロッパで育ったその子どもたちは、おそらくまったく違うだろう、というのだ。[85] しかし、それは本当だろうか？　私の質問の焦点は、――トランプの暴挙の表面的な根拠である――イスラム原理主義者のテロリズムではなく、大規模なイスラムの移民によって、教育を受けたヨーロッパ人たちと同様この若い友人たちも疑問の余地なく受け入れている、道徳的な規範が危機に晒されるのではないか、という点にある。テロリズムの問題は置くとして、イギリスの政治や法に対して、イスラムが影響力を増しつつあるとしたら、それは懸念しなくても良いのだろうか？[86]

自らの道徳的なパニックを表現するに際して、スキデルスキーは、若い聴衆たちに、国家は同質的な国民文化を必要としており、それは、公的な議論や政治的組織によって異議を申し立てられない道徳的政治的権利を持っているのだ、と語っている。ある程度の宗教的、民族的な異質性がやむを得ず存在するとしても、国家には第一義的にそこに帰属していると考えられる、明白かつ恒常的な人口学的な多数派が存在しているはずである。少数派は、少数であり、それゆえ、容易に管理できなくてはならない。[87] 人口学が、ヨーロッパにおける世俗化の歴史と、その歴史が生み出した排他主義的な国民国家の形成において中心的であったのは偶然ではない[88]。

イデオロギー的に言えば、国家は、国民を代表／表象し、保護するものであるから、国民が国家に先行している。国家は、国民の所産であり、保証人である[89]。しかし、実際は、その逆であることの方が多い。こうして、国民国家の境界に国民以外の者が立ち入れないようにする（あるいは、国民以外の者が中

（84） Mark Neocleous, *War Power, Police Power* (Edinburgh: University of Edinburgh Press, 2014) を参照。

（85） それゆえ、短期滞在者であれ、苦難のうちにその国家の領域内で暮らしているものであれ、外国人を定義することが、市民の権利の構築の重要な部分を成していた。第二次世界大戦後、復興と発展のために、ヨーロッパの国々はかなりの労働力の不足に見舞われた。そこで、他の貧困国からの移民と共に、かつての植民地から大量の労働者を導入し、国民的なアイデンティティが薄められたという認識を作り出した。戦争、訴追、貧困から逃れるための難民が新しい現象でないのと同様、移民も、ヨーロッパにおいてすら、歴史的に新しい現象ではないことはもちろんである。新しいのは、多数のムスリム難民の突然の到着であり、その時代に、ヨーロッパとアメリカの国家が、ネオリベラルに破壊された「社会的連帯」を再び明確化しようとしていることである。

（86） Robert Skidelsky, "European Politics with an Islamic Face?" *Project Syndicate*, December 28, 2015, https://www.project-syndicate.org/columnist/robert-skidelsky#Yk6PzkXhhQqhjdYt. 99.

（87） もちろん、この感情は新しいものではない。パンカジ・ミシュラは、イギリスのリベラルたちが、自分たちの「同質的な文化」が外国人によって破壊されてしまうという恐怖を表明していたことを思い出させている。「一九六八年に、パウエルは、イギリスのかつての植民地からの移民が、「黒人が白人に鞭を振るうような」悲惨な状況を招くだろうと警告した。一〇年後、首相就任予定だったマーガレット・サッチャーは、テレビ番組のインタビューで、イギリスの人々は、「違う文化を持つ人々によってこの国が打倒されてしまうかもしれないことを、本当に真剣に憂慮すべきである」と主張した。」Pankaj Mishra, "What Is Great about Ourselves," *London Review of Books*, vol. 39 no. 18 (September 21, 2017). ここで前提とされている、ヨークシャーの労働者が上層階級の専門職家庭と同じ文化を持っているという観念は、極めて驚くべきものである。

にいる場合には、外に追いやる）ために暴力を用いることは、国民国家の政治的健全性のために必要となる。それゆえ、大量のイスラム難民の流入を食い止めることには十分な理由がある——そして、その脅威との関係で、元難民の人々を追放することとさえ正当化される(90)。

しかし、スキデルスキーの議論でもっとも驚くべき点は、自分はリベラルであると言っているにもかかわらず、宗教によって特定されるある集団を、不愉快なものとして扱っていることではない。それがなくなると国民国家の意味がなくなってしまう「国民的価値」に対して危険な宗教やイデオロギーを特定することは、結局のところ、世俗の民主主義の機能である。注目すべきは、認識可能な未来が存在する世界に自分は住んでいるのだ、という彼の自信である。

X

最後に、イスラム恐怖症という現実や、恐怖に基づく抑圧的な国家の可能性の漸次的な増大よりも、もっと大きな問題が、世俗理性の発展の中には含まれていることを指摘しておきたい。未来の人間管理は、効率的な監視よりも、遺伝子工学と人工知能による新しい個人の創出によるのかもしれない。「サイボーグ市民」の思考、言葉、行動が肉体を持つ主体とは完全に区別される時、すなわち、生それ自体が、偶然的な運び手である「自然的」身体から切り離し得るものとして、本質的には情報として扱われ、数学的記号によって、仮想的なものとして機械の中へ翻訳される時、その時には、もはや仮面の背後を見抜く必要はなくなるだろう。なぜなら、権力から隠すべき「真の」自己は存在しないであろうからである(91)。ここで決定的なのは、隠された意図と公開の行動の対立でも、生きている身体とそれを自己とし

(88) このことは、国民的住民の近代的「浄化」、特に非ヨーロッパ人の「浄化」をもたらした。もっとも悪名高い例は、ユダヤ人——とロマ——に対するナチの二〇世紀の虐殺である。トルコのアルメニア人虐殺は、知られるようになってきたが、さらにそれを遡る（あまり有名ではない）例がある。オスマン・トルコによる東ヨーロッパのムスリムの排除である。Justin McCarthy, *Death and Exile: The Ethnic Cleansing of Ottoman Muslims, 1821-1922*（Princeton, N.J.: Darwin Press, 1995）を参照。

(89) 国家の普遍性への言及はフランス革命後に現れた。ミシェル・フーコーは、次のように述べている。「以後、合意とか勝利とか侵略によって打ち立てられた、過去の法の名において、要求が表明されることはなくなるでしょう。要求は、潜在性に基づいて、すぐそこにあって、現在の中にすでに現前している未来にもとづいて表明されることになるでしょう。というのも問題は、社会体内部の「ひとつの」民族によってすでに保証された国家的普遍性の機能なのであり、この民族は、普遍性の名のもとに、自分たちだけが唯一の民族であることを国家という法的形式において実際的に認知させようとするのです。」Michel Foucault, *Society Must Be Defended*（New York: Picador, 2003）, 222.〔石田英敬、小野正嗣訳、『ミシェル・フーコー講義集成6　社会は防衛しなければならない』筑摩書房、二〇〇七年、二二二頁〕

(90) 正統に国民国家に帰属する人々の平等性は、部分的には、数学的基準によって確定されると同時に、構築されてもいる。例えば、第一章で検討した平等の問題に関して、それが、一般的な規則の言明ではなく、慣習の結果であることが示されれば、そして、それが統計、すなわち等価性の構築を主に扱う言語によってなされれば、「平等」は規範的にはトートロジーであるという批判を避けることができる。

(91) 「サイボーグ市民」については、James Hughes, *Citizen Cyborg: Why Democratic Societies Must Respond to the Redesigned Human of the Future*（Cambridge, Mass.: Westview, 2004）を参照。さらに、近年の二つの重要な研究として、Juan Enriquez and Steve Gullans, *Evolving Ourselves: How Unnatural Selection and Nonrandom Mutation Are Changing Life on Earth*（New York: Penguin, 2016）および Jennifer A. Doudna and Samuel H. Sternberg, *Evolving Ourselves: Gene Editing and the Unthinkable Power to Control Evolution*（New York: Houghton Mifflin Harcourt, 2017）を参照。

て明確にする情報との対立でもない。情報は、いったん「自然的」身体から引き出されると、相互に接続した無数のコンピュータに翻訳される可能性が生じる。身体の特定の物質性が、その生——生まれ、学び、成功することも失敗することもあり、他者と生活形式を共有し、痛みを感じ、死ぬという「自然的な」生、後続する生者の世代へと受け継がれていく生——にとって偶然的なものとして取り扱われる時、その時には、言説的伝統という感覚そのものが破壊される。

この問題についての社会科学の文献は、すでにかなりの量に上っている。たとえば、ジェームズ・ヒューズが、広く読まれた『市民サイボーグ』で次のような主張をしていることはよく知られている。「二一世紀には、人工知能とナノテクノロジー、遺伝子工学の収斂によって、人間は、それまでSFでのみ想像されていたことを実現できるようになるだろう。……われわれは、機械と合体し、そして、機械より人間らしくなるのだ。」[92] この潮流に反対する人々を、ヒューズは、嫌悪感を込めて、「生物学的ラッダイト」、つまり、「リベラルな民主主義と科学、近代性を否定する」人々と呼んでいる。[93] 彼の見解によれば、科学的未来に対する唯一の合理的な異議申し立ては、リベラルな民主主義の政府が、新しい発展へのアクセスの公正な配分を、すべての人に保証することだけである。ヒューズは、次のように書いている。「この本の中心的な命題は、人間が自らの生を管理できるようになれば、一般的にはより幸福になるということ、そして、テクノロジーと民主主義は、われわれが自分の生に対するより大きな管理を実行するための鍵となる二つの方法である、ということである。」[94] ここで再び、自信に満ちた世俗的前提に出会うことになる。「人間」という感覚は、将来においても認識可能であり、配慮の対象であり続ける。国家が、その維持のために決定的に重要な関与をする際に、暴力と操作を使用する能力がいかに増してもそうである、という前提である。生が（容易にアクセス可能で、翻訳可能で、複製可能な——そして破壊可能な——）情報となるところでは、情報が、私的な自己と公的な現れの区別を破壊し、真正のアイデンティティと疑わしい世界の中で身につける必要がある仮面との間の区別を破棄するような、より広汎にわたる権力の手段となるだろう。(95)

そして、「死」と「永遠の生」との区別もまた、失われる。(96)

(92) Hughes, Citizen Cyborg, xii.

(93) Hughes, viii.

(94) Hughes, 8.

(95) この権力の一つの側面は、バイオハッキングである。「生物学者がＤＮＡを操作する際には、毒を作り出したり、さらに悪い場合には、感染病を作り出したりするために用い得る、遺伝子コードの危険な拡張を作り出したり、広めたりしないよう気を遣っている。しかし、あるバイオハッカーの集団は、人間や動物ではなく、コンピュータに感染するようにデザインされたＤＮＡが、あまり考えられたことのない危険をもたらし得ることを示した。ＵＳＥＮＩＸセキュリティ会議で発表される予定の新しい研究で、ワシントン大学のある研究グループが、有害なソフトウェアをＤＮＡの物理的ならせん構造の中に書き込むことで、遺伝子配列解析器によってそれを分析して得られた結果によって、遺伝子配列解析ソフトウェアを破壊し、それを動かしているコンピュータのコントロールを乗っ取るプログラムとなることを、初めて示した。その攻撃は、スパイや犯罪者が現実に実行するにはまだほど遠いものだが、ＤＮＡ配列解析が、日常的に、高機能になり、かつ高度なコンピュータ・システムの上で第三者のサーヴィスとして行われるようになれば、研究者の議論であったものが、次第に、現実的なものとなっていく可能性がある。そして、おそらくサイバーセキュリティ・コミュニティにとって、もっと重要なのは、この事例が、印象的でＳＦ的な、本当のハッカーの技巧を表象していることである。」Andy Greenberg, "Biohackers Encoded Malware in a Strand of DNA," *Wired*, August 10, 2017. この文献について注意してくれた、人工知能の問題を研究しているフサイン・アグラマに感謝する。

（96）アボウ・ファーマンは、このパラドクスを、人体冷凍運動の信仰と実践についての驚くべき研究において、追究している。Abou Ali Farman Farmaian, "Secular Immortal"（Ph.D. diss., Anthropology Department, CUNY Graduate Center, New York, 2012）を参照。

エピローグ

私は、キリスト教を世俗主義に翻訳しようとした多くの優れた思想家たちの試みに説得されはしなかったが、その理由は、世俗主義に非キリスト教的な観点から擁護される価値があると考えているからではない[1]。私の懐疑は、われわれは「キリスト教」と「世俗性」をあまりにも硬直した形で考えており、確定したものとして記述し過ぎているという事実に根ざしている。そして、そうした態度はいずれも、アプリオリな世俗の歴史と世俗の人類学に基礎をおいているのである[2]。宗教と世俗的なものの間に本質的な連続性があるのかどうかという論争そのものが、両者の構築された概念に依存している。本書で私

（1）シャーマン・ジャクソンは、「イスラム的世俗」の概念について、説得的な議論を展開している。それは、シャリーアの外部にある行為と思考の領域であり、にもかかわらず、イスラム的伝統の内部にあるものである。Sherman Jackson, "The Islamic Secular," in *American Journal of Islamic Social Sciences* 34, no. 2 (Spring 2017): 1-31 を参照。

（2）「宗教」としてのキリスト教というわれわれの理解を問題化する、極めて独創的な研究として、Gil Anidjar, *Blood: A Critique of Christianity* (New York: Columbia University Press, 2014) を参照。

が考えてきたのは、主に「世俗性」と「宗教」という言葉の硬直的な用法を問題にすることである。もちろんそれは、そうした言説が規律する生活を非難したり（あるいは擁護したり）、どちらかに招き入れようとしているわけではない。「近代」に賛成すべきか反対すべきかという問題に関して現在行われている議論は、あまり実りのないもののように私には思える。本書の指摘に一般化できる点があるとすれば、それは「近代」、「宗教」、「政治」、「世俗主義」といった言葉や、それらを組み合わせた語彙の変動は、生活様式に密接に関連しているということである。この複雑な絡み合いの特定の性格に注意を向けること、これらの用語の「適切な」意味として、どのような要素が（その本質として）主張され拒絶されるのかということこそが、「世俗的なもの」や「宗教的なもの」について、人々が、何を予期したり、求めたり、あるいは嫌悪したりするのか、そしてそれはなぜなのかを理解しようとする際の第一の関心事となるべきである。(3)「世俗性」や「宗教」という言葉は、ヴィトゲンシュタインが言語ゲームと呼んだものに属している。それは、日常生活の一部として合意や議論が生じるゲームである。そしてそれは、同意の有無にかかわらず、常に変わり得るものである。

世俗化について考えるに際して、私は、包括的な理論に頼らなかった。私が魅力を感じたのは、思考、感情、行為の道徳的政治的な次元の研究の一方法としての、ヴァルター・ベンヤミンの神学への訴えである。ベンヤミンの著作の多くに倫理に対する関心を見出すことができるが、とりわけ、彼の最後の作品の一つである「歴史の概念について」には、それをはっきりと見てとることができる。有名な第九節、パウル・クレーの絵画について記述した部分を考えてみよう。そこでベンヤミンは、歴史の天使が、嵐によって、未来に向けて後ろ向きに飛ばされていき（「それをわれわれは進歩と呼ぶ」）、天国から無理矢理吹き飛ばされ（天国の約束）、過去がまさに瓦礫として積み重なっていくのを恐怖しながら見ていると述べている。ベンヤミンは、史的唯物論の言語と神学の言語を同時に使っていたが、それは彼の言う世俗的時間とメシア的時間を思い起こさせるものである。それは、単なるアナロジーの問題ではなく、相互的な挑発の問題、つまり、「精神性」や「健全な理性」の要求とあまりにもよく混同される、新しい言語の可能性の開花を促進するという問題として想起されているのである。ベンヤミンの場合に非常にうまく機能していたものは、人類学と神学を対峙させ、後者を足場にするよう前者に促すのではなく、——不毛な習慣の限界を克服する一つの方法である挑発として——前者を挑発するために後者を利用する場合に、同じように作用するかもしれない。では、なぜ神学で終わりにするのであろうか？　なぜ詩や映画や芸術一般のようなもっとコンテキスト豊かな企てではいけないのだろうか？

　ここには、ベンヤミンの歴史の天使が持たなかった思想があるように思う。近代ではなく人新世と呼

（3）ちなみに、クリスティー・マクルアがロックに見出した「宗教」から「世俗」への移行は、ジョン・ダンが、後の政治経済学の勃興について語った物語にとっても中心的なものである。Kirstie McClure, "Taking Liberties in Foucault's Triangle: Sovereignty, Discipline, Governmentality, and the Subject of Rights," in *Identities, Politics, and Rights*, ed. by A. Sarat and T.R. Kearns, 149-92 (Ann Arbor: University of Michigan Press, 1995)、および、John Dunn, "From Applied Theology to Social Analysis: The Break Between John Locke and the Scottish Enlightenment," in *Wealth and Virtue; The Shaping of Political Economy in the Scottish Enlightenment*, ed. I. Hont and M. Ignatieff, 119-36 (New York: Columbia University Press, 1983).〔水田洋、杉山忠平訳、『富と徳——スコットランド啓蒙における経済学の形成』未来社、一九九一年、一九七-二二六頁〕しかし、ダンの説明では無視されている複雑な要因がある。それは、「摂理」の観念の再定式化が、政治経済学の勃興に当たって決定的な役割を果たしたことである。M.L. Myers, *The Soul of Modern Economic Man: Ideas of Self-Interest from Thomas Hobbes to Adam Smith* (Chicago: University of Chicago Press, 1983) を参照。

ばれる現代は、世俗の知識と生活様式が地球上の生命すべてにとっての、かつてない脅威を生み出しているのを目撃している時代である。時間の終わりは、元々は神聖性の特権であったのだが、今や人間の専横がもたらす可能性としてその姿を現している。それは、皮肉な様式による神学である。ここ数世紀の産業化と環境の搾取という暴力は、グローバルな気候変動とエコシステムの破壊を招いたが、同時に科学と技術の驚くべき進歩も伴っており、それは、何にもまして核兵器の暴力を現実のものとした。これらの連関した発展によって、世俗の理性の体系的な応用は、この惑星のあらゆる生命の終わりが予期される可能性を開いた。ベンヤミンの天使は、われわれの歴史的盲目に対しても嘆いているのではないだろうか?

アダムとイブの神話や、その純真性の喪失という聖書の神話の考察において、哲学者ハーバート・モリスは、見れば明らかなこと（二人とも裸であるということ）に突然気が付くことそれ自体が、善悪の知識であると考えるべきではないと書いている。モリスによれば、それは洞察のはじまりであり、道徳的知識の始まりではあるけれども、道徳的知識の完全な実現には時間がかかる。[4] 純真性の喪失は瞬間的なものであるが、その出来事の道徳的な含意（善悪の知識）は、経験（認知された束縛的出来事）を通して、つまり、時間をかけた学習によって獲得される。そして、モリスは必ずしもこのような言い方はしていないけれども、善悪の観点から経験を理解する助けとなる第三者の視点もまたそうである。しかし、破滅の確率を予測することは、その道徳的意義を理解することと同じではない。破滅の時は、破滅に直面することについて学ぶ時ではない。（ともに学びの時間である）儀礼の時間と言説的伝統の時間が世俗理性によって破壊される大きな理由はそこにある。そしてまた、その破壊それ自体が、大いなる破滅の一側面である理由である。

世俗理性の解放が、科学や技術、人間に関する知識、健康や多くの人々の生活水準の現実の向上、芸術的文学的な想像力において、目を見張る成果を可能にしたことは否定できない。こうした成功は、しばしば目を奪うものであるが、それがもたらす破滅は、依然として不確実なままである。近代世界形成期におけるヨーロッパの最初期の拡張は、優れた戦争技術の継続的な発展によって、あるいは、それに典型的に表れているような例外的な暴力によって達成された。文明化の暴力は、今日でも消え去ったわけではない。むしろ、その脅威は、地球大の破滅を予告している。われわれが今いる地点までわれわれを導いた世俗理性のもっとも重要な側面は、問題を定式化し解決するために抽象化と計算の利用を増加させた結果生まれた、高い処理能力である。もちろん、世俗理性は同質的なものではないし、現代の生活のあらゆるものを体系化しているわけではない。それは、多くの現代的宗教を再形成するものであり、したがって、それに不可欠のものにすらなっている。しかし、近代の生活が異質性を伴ったものであることを指摘することで、「脱魔術化」をめぐるよく知られた論争に参入したいわけではない。このヴェーバーの概念は、世俗性に関する教義的な概念に、あまりにも譲り過ぎているように思える。私が強調したい主要な点は、真理の範型や合理性の範型について、世俗理性は理念的には数学化に依存しており、それは知識の可能性を与えると同時に危険をもたらすということである。数に訴えることが、多くの前近代的な知識の重要な特徴であり、また、古代エジプトから古代中国に至るまでの宗教的な信念と実践の重要な要素であった、という異論が示されても、なおこのことは当てはまる。(5) しかし、古代の数へ

(4) Herbert Morris, *On Guilt and Innocence: Essays in Legal Philosophy and Moral Psychology* (Berkeley: University of California Press, 1976), 151.

の没頭と、情念を欠いた言語、行動、思考の構築法としての数学の世俗理性による使用とを分けているのは、（ピタゴラスによって探求されたような）数的記号の形而上学の存在である。

数学の言語は、近代の科学に本質的であるだけでなく、近代の技術、近代の支配、そして、近代の経済にも不可欠である。（道徳的に中立な）世界に関する科学的な知識と、（道徳的な善悪のある）世界へのその知識の適用はまったく別物であるという、よくある想定は、深刻な誤りではないだろうか。科学的な知識、実験、そして技術は（あるいは、アンスコムの用語を使えば、意図とその意図を実現するために用いられる手段は）複雑に結びついており、一体となって社会生活の中に埋め込まれている。道具となる機器や手段なしでは、科学的知識の蓄積に必要とされる現実の実験過程は、実行し得ない。逆に、科学的な知識の進歩は、洗練された技術の発展に不可欠である。アダムが楽園で発見したように、知識は暴力の可能性の始まりである。

いずれにせよ、今や世界を海図なき領域へと収斂させ、推し進めているいくつかのグローバルな危機——大量絶滅の脅威も含めて——の結果の算定方法は、本当のところ、誰にもわからない。核ミサイル格納庫を継続的に改修しなければならないという現実を突きつけられても、「先制攻撃」オプションを放棄することをアメリカが拒否している状況では、あり得る将来は、進歩と理性による人間性の再生ではなく、その恐ろしい破滅ではないだろうか[6]。今目にしている様々なアイロニーの一つは、世俗的近代性の名において語っているものが、最後には「人間は自らの歴史を作ることができる」ことを、長らくスローガンとしてきたことであり、しかし、人間が作ってきたその歴史が、人間だけでなく、あらゆる生命を終焉させる脅威を生み出していることである。

このことは、『ギルガメッシュ』におけるバビロンの故事を想起させる。そこでは、あらゆる出来事が終わりを迎えるが、その時がいつかはわからないと述べられている。例えば、英雄ギルガメッシュが、彼の最愛の仲間であるエンキドゥの死を嘆き、自らの死から逃れる道を探している時、一人の老人が、次のように語りかける。

地母神として生まれたあなた
なぜ父が死すべき運命だからといって嘆くのか？
建物は、倒れるまでどのくらいの間建っているのか？
どのくらいの間契約は続くのか？　争いが起こるまで、
どのくらいの間兄弟は遺産を共有するのか？
争いから生まれた嫌悪は、どのくらいの間続くのか？
何度も何度も、川は増水し、氾濫した
昆虫は生きるために繭を残すが、それもわずかの間である
どのくらいの間太陽を直視していられるだろう？
始まりから続いているものは何もない

（5）魅力的な最近の研究として、Daniel Morgan, *Astral Science in Early Imperial China: Observation, Sagehood, and the Individual*（Cambridge: Cambridge University Press, 2017）を参照。
（6）「先制攻撃」オプションについては、Sam Knight, "Obama to Stick with 'First Strike' Nuclear War Doctrine, Claiming Deterrence Value," *District Sentinel*, September 6, 2016, https://www.districtsentinel.com/obama-stick-first-strike-nuclear-war-doctrine-claiming-deterrence-value/を参照。

死と眠りがいかによく似ているか考えてみなさい
どちらも死のイメージだ
愚かな男と支配者は同じようなものだ
一方の顔も、もう一方と同じく黒ずんでいくだろう
アヌンナキは集まっている
母なる女神であるマミートゥムは、彼らとともにある
彼らは、生と死のある世界を作った
死の日は定められている、まだ知られてはいないけれど(7)

人間の生命には終わりがあるというだけではない。ギルガメッシュは、その老人から、現在あるすべてのものが崩壊する可能性があることだけを聞かされている。しかし、終わりの時(崩壊の時)に、それを告げるものは誰もいない。世俗の計算的理性によれば、偶然は、確率理論によって、つまり、損失を最小にし、利得を最大にすることによって手なづけられる。しかし、この理論は、特定の個人の死がいつ起こるかを決定したり、集合的な破滅がいつ生じるかを決定することはできない。

終末期ガン患者についての、感動的で、思考を触発する説明の中で、アボウ・ファーマンは、統計について詳細に記述しているが、そこで強調されているのは、彼の関心が、(もちろん、近代医療において、数え上げは文字通りの意味で命に関わるものであることも指摘しているが)数字それ自体ではなく、世俗化に伴って、患者の死までの時間が、医師によって継続的に測定され評価されること、そして、このような方法で死の確率が継続的に再評価されることに応じて、それが患者の感情に反映するという事実であ

ることであった。[8] あらゆる出来事は偶然的（降りかかってくるもの）であり、未来の偶然事までの時間は、ギルガメッシュで語られているように、知ることができない。（もちろん、高いビルから飛び降りたとしたら、間違いなくわかるだろうけれども、その出来事そのものは偶然的なのである。）

そこで、まず、核戦争における死と破壊について考えてみよう。よく知られているように、絶え間なく続く戦略核兵器の製造の過程で、すでに多くの事故や危機一髪の事態が生じている。軍事アナリストの中には、ロシアとアメリカの核戦争が冷戦の間避けられたのは、相互確証破壊と呼ばれる戦略のおかげであり、それゆえ、この戦略は将来にわたって信頼することができると、自信を持って語るものもいる。しかし、この仮定が正しいのは、人間の決定が合理的選択理論という世俗の言語に翻訳可能な場合に限られる。そして、多くの人が指摘するように、合理的選択理論は、実際の生活を理解するにはあまりにも貧弱な言語を用いているのである。もっと重要なのは、今までのところ核戦争が起こっていないという事実は、将来も核戦争が起こらないことを証明するものではない、という点である。アメリカのリー・バトラー退役大将は、かつて、次のような有名な注釈を行っている。「人間は核ホロコーストを起こさずに冷戦を乗り越えたが、それは外交技術と、偶然の幸運、そして、神の介入が組み合わさったおかげである。その中でも、最後のものの比重が一番大きいだろう。[9]」それとも、われわれは世俗の市民として、リスクを合理的に計算する能力を使うことができるのだろうか？

（7） David Ferry, *Gilgamesh: A New Rendering in English Verse* (New York: Farrar, Straus and Giroux, 1992), 64.

（8） Abou Farman, "Terminality," *Social Text* 35, no. 2 (June 2017).

（9） John Dower, *The Violent American Century*, 38〔邦訳四一頁〕に引用されている。

近年、国防総省は、アメリカの膨大な核兵器では、敵を抑止することができないかもしれないという決定を下したが、その理由は、相互確証破壊というドクトリンは、大量破壊兵器の先制使用を心理的に抑制するかもしれないが、軍事的行動を不可能にするものではないから、というものであった。それによって、戦略家たちは、次のような議論をすることを迫られた。つまり、従来型の核兵器は、十分な抑止ではなく、それゆえ、破壊力の小さい戦術的核弾頭を開発し、従来型の弾頭よりも柔軟な攻撃のオプションを作り出さなければならない、という議論である。計算的理性の見事な例である。しかし、批判者たちが指摘するように、この開発は軍事的な敵意を助長し、利用可能な兵器がすべて使用される全面戦争へとエスカレートしていく危険を大幅に増すことになるだろう(10)。

死と破壊の脅威は、より緩やかにではあるが、気候変動の結果によってももたらされている。その一つの例は、海洋の脱酸素化についての最近の報告に見ることができる。この現象は、気候変動の結果発生した海洋の温暖化だけでなく、より急激な変化を生み出す人間の行動に直接の原因がある。産業的農業や下水による河口および沿岸地域へのチッソとリンの排出、化石燃料の燃焼――数百万平方キロメートルが、こうしたものの影響を受けるのである。「気候変動は、公海におけるのと同じメカニズムによって、沿岸系の酸素を減少させるが、それと同時に、降雨量の増大がもたらす流域からの栄養物の流出によって、酸素はさらに減少するだろう。低酸素域の拡大は、有力な温室効果ガスである亜酸化チッソ（N_2O）の生産の増大を招く。それは、真核生物の生物多様性、食物連鎖の構造変化、食の安全と生活に対するネガティブな効果をもたらすであろう(11)。」

確率理論は、未来を予測することはできない。それは起こる（降りかかる）かもしれないことに対する心配を増したり減じたりするだけである。確率理論の基礎の下に証券を売買することは、近代社会の人々の多くが富を管理する基礎となっている（そのことが、より多くの貧困者を生み出している）。しかし、もし確率理論が、不確実性の程度を測定する方法だとすれば、気候変動によって将来もたらされるグローバルな破壊を、避けることができたり、和らげたりすることができるという確信を「合理的な男女」に与えることを意味していないだろうか。それとも、われわれは、その正確な結果を予見することはできず、怖れることしかできないような破滅のただ中に、すでにいるのであろうか？

政治家や企業家は、近代世界の大きな複雑性についてよく語る。しかし、その複雑性の感覚は、未来と過去がともに人間の把握のうちにあるという確信を強化しているのではないだろうか？　もちろん、特定の方法の使用が特定の結果を招くことを予測することはできる。しかし、それは短期的な話である。われわれの生が結びつけられている複数の時間性においては、正確にいつ、どのようにしてものごとが降りかかってくるのかは予言不可能である。[12] 文献学上の偶然、歴史的書庫の継続的な再解釈、翻訳における誤り、意図的な誤解釈、これらは常に、行為の予期せざる結果の一部であり、不確実性を生み出すものである。現在のわれわれは知らないが、将来初めて知るようになる（そしてその時はもはや未来ではないのだが）たくさんのものごとが過去にはあるという事実は、変えることのできない過去と、開かれ

(10)　最近の展開の詳細と情報源については、Michael T. Klare, “The Trump Doctrine: Making Nuclear Weapons Usable Again,” *Tom Dispatch*, November 19, 2017. http://www.tomdispatch.com/post/176353/tomgram %3A_michael_klare %2C_normalizing_nukes/#more を参照。

(11)　Denise Breitburg, Lisa A. Levin, Andreas Oschlies, Marilaure Grégoire, Francisco P. Chavez, Daniel J. Conley, Véronique Garçon, et al., “Declining Oxygen in the Global Ocean and Coastal Waters,” *Science* 359, no. 6371 (January 5, 2018).

た未来との間の明確な区分を疑わしいものとする。そうした出来事は、(「知性においては悲観主義で、意志においては楽観主義で」という)グラムシの言葉としてしばしば想起される態度を、言い逃れに変えてしまう。論理という方法に厳密に従い、世界をありのままに理解する能力としての知性は、意志、欲望、まったくの偶然と完全に区別することはできない(13)。複雑なグローバル経済や莫大な野心を持った国家には、失敗の可能性が常にあり、そして、その結果として、裏切りを恨んだり非難したりする可能性も常にあるのである。

世俗主義の歴史的起源としてのキリスト教についての論争の両方の陣営で、多くの場合見過ごされているのは、このことだと思われる。キリスト教の観念を近代世界における等価物とされるものに翻訳しようとする人々が、――理解の失敗、行為の失敗、性格の失敗、翻訳の失敗といった――人間の失敗の問題に言及しないのは、驚くべきことではないだろうか。しかし、それはまた、世俗主義のキリスト教的系譜を拒否する人々が、彼らの描く世俗の勝利の物語の中で言及しないものでもある。議論はあるとしても、失敗は、いわゆる「世界宗教」――ユダヤ教、キリスト教、イスラム教だけでなく、ヒンドゥー教、仏教、道教も――の主要な洞察である。もちろん、これらの伝統のすべてが同じ失敗の概念を持っているとか、現代の英語のfailureという単語で理解しているものが、基本的にはあらゆる言語に見出すことができると言っているのではない。

英語では、われわれはfailureという単語をいくつかの意味で使うが、ほとんどの場合、その前提には、達成すべき規範の観念や成功と見なされるものの観念が存在している。言説的伝統によって規制される実践が必要となる個人の学びは、典型的には、一連の失敗を通して行われる。しかし、私が考えている失敗とは、失敗したという事実を無視すること、行為あるいは非行為の真の性質に気が付かないこと、つまり、自分たちが本質的に限定されていることを人間が忘却してしまうことである。多くの批評家によれば、政治的イスラムは、彼らの社会を近代化させることはできないし、近代に対する妥当な選択肢を提供することもできない。そして、その失敗を生み出しているのは、この無能力さを認識することを彼らが拒んでいることなのだ。[14] こうした批評家は、ある意味では正しい。しかし、彼らは、「世俗主義」や「科学的知識」や「進歩」の推進者として、彼ら自身が別の失敗に毒されている可能性を考えていない。それは、人間がなし得ることとなし得ないことを理解することの失敗である。現世において、いかに人間が行為し、考え、感じるかということの宿命的な帰結の理解に失敗すること、つまり、自分が神のように行動し得るという傲慢さ（*hubris*）を、古典古代のギリシャ人の劇作家たちは、悲劇と呼ばれる

（12）アラスデア・マッキンタイアは、かつて、予測不可能性の四つの源泉を体系的に列挙したことがある。（1）根源的な概念的革新が持つ本性、（2）行為者による行為の予測不可能性と観察者による予測可能性の、無限に繰り返される分離――他者の行為予言という行為自体が、予言者自身の行為であり、それゆえ、自分自身では予測不可能である。（3）社会生活のゲーム理論的性格、（4）純粋な偶然性、である。Alasdair MacIntyre, *After Virtue: A Study in Moral Theory* (Notre Dame, Ind.: University of Notre Dame Press, 1980, 89–95〔篠崎栄訳『美徳なき時代』みすず書房、一九九三年、一一四‐一二四頁〕を参照。また、Daniel Boorstin, *Cleopatra's Nose: Essays on the Unexpected* (New York: Random House, 1994)〔松浦俊輔訳『クレオパトラの鼻』青土社、一九九七年〕も参照。

（13）グラムシは、自身の苦境を『獄中からの手紙』にこう記している。「私は、知性のゆえに悲観主義者であるが、意志のゆえに楽観主義者である。」よく知られている標語とは違って、この文は知性と意志を実体化していない。

（14）例えば、Olivier Roy, *The Failure of Political Islam* (Cambridge, Mass.: Harvard University Press, 1994)、および、Ami Ayalon, "From Fitna to Thawra," Studia Islamica 66 (1987): 145–74 を参照。

ものの本質と考えていた。初期のキリスト教徒もまた、「虚栄（pride of life）」と呼ばれた失敗の観念を有していた。それは、人間の限界についての無知をもたらす、この世における生への執着であった[15]。そのため、隠修士や修道士といった初期のキリスト教徒の多くにとっては、罪と誘惑の世界から、文字通りの意味で離脱することが必要であった。この見解は、今日のキリスト教徒の多くが考えている現世との関わり方とは異なるけれども、現世の欲望に対するある種の執着が、集合的な破滅や個人的な苦痛を生み出すことを思い起こさせる。しかし、ともかく、初期キリスト教の見解も、前近代のイスラムの見解も、ギリシャの意味での「悲劇」におけるものと同じ意味を持っている。

ここで、――新世界の奴隷制やナチのホロコーストのような――悪は、修復不可能な行為によって作り上げられる不道徳な現象であるとする、デヴィッド・スコットの考えを検討してみることにしよう。彼は、次のように書いている。悪は、正当化不可能なだけではない。いかなる補償の形態といえど、悪を匡正することはできず、それゆえ、正義がそれに届くことは決してない。悪が与える損害は、人間を殺すという問題であるだけでなく、それ以上に、彼らを「社会的な死」に服せしめるという問題でもある。悪に関与したことの理解がなし得るのは、解消不可能な負債、解答のない問題が今やあるのだという認識である[16]。

同時代の態度でもっとも驚くべきだと思うのは、すべての「問題」に、遅かれ早かれ発見されるのを待っている解答があり、それゆえ、すべてのことが、原則的には不可能ではない、という広く行き渡った信念である[17]。この考え方は、現世は――そしてそこで行われるわれわれの行動は――、原則的には、完全に知り得るものであり、それゆえ予測可能で管理可能なものであると主張している。しかし、失敗は、表現できないものを表現しようとする試み、説明できないものを説明しようとする試み、不可能なことを行おうとする試みから生じる。すべての優れた翻訳者が認識しているように、詩は、われわれの言語によって表現されるあらゆるものを、他の言語の言葉で把握することの不可能性である。そして、その失敗は、常に意識的な選択の問題というわけではない。

今日の主要な失敗は、われわれが生活しているリベラルな資本主義的国家と根本的に異なる集合的な生の形態を、この惑星上に作り出せていないことである。この失敗は、想像力や意志の欠如のせいではないように思われる。多くの高度に知的な人々や確固たる信念を持った人々がいて、魅力的な将来の構想を提示している。それは、多くの部分で伝統的な言語と結びついており、そのことが、われわれの制度的および心理的な障壁や、それが求めている解決の理解を妨げている。(18)もちろん、残酷さと思いやりの例や、裏切りと自己犠牲の例、苦痛と幸福の例などを理解し、描くことはできる。しかし、われわれが誤った方向に進んだことから帰結する、集合的生に起こりつつある変化については、適切に語る言語がないし、われわれが取り返しのつかない形で失いつつある価値あるものについても、適切に語る言葉

---

(15)「すべて世にあるもの、肉の欲、目の欲、虚栄は御父から出るものではなく、世から出るものだからです。」1 John 2: 16 (King James Version).

(16) David Scott, "Preface: Evil Beyond Repair," *small axe* 55 (March 2018).

(17) この確信の典型的な例は、私が一九五九年に非常な興奮を持って読んだある本の次のような言明である。「おそらく、すべての科学者が、「偉大で、美しく、聖なるものであり、永遠で、真であるもの、崇拝と願望の対象」というパースの自然概念を共有しているわけではないだろう。しかし、あらゆる明確な問いには、一つの真なる答えがある、つまり、科学的方法が十分に追求された時に初めて到達することができる、一つの答えがあるという彼の信念は、すべての人に共有されているに違いない。」W. B. Gallie, *Peirce and Pragmatism* (Harmondsworth, Middlesex, U.K.: Penguin, 1952), 92.

はない。これは、よく知られた二分法の問題ではない。（「絶望の哲学」と呼ばれる、現在を破壊し新たな絶対を始めようとする政治である）全体革命の必要と、それに対置される（「希望の哲学」すなわち「近代の民主主義の可能性に対する指導的な関与」として描かれる）プラグマティックな改革の可能性の二分法の問題ではないのである。(19) こうした言語を発展させるためには、思考と発話だけではなく、新しい生の形式のための現実的条件と、危機に遭遇し言及する時間が必要なのである。

『全体主義の起源』の最終章において、アレントは、政府が本当に全体主義的になった時（市民生活のあらゆる面に政府が主権的権力を及ぼす時）はいつでも、「常に他のすべての価値体系とは根本的に違うある価値体系に従って働き始めた。そのためわれわれの伝統的な法的、道徳的、もしくは常識的功利主義的なカテゴリーのいずれをもってしても、これらの態勢の行動方針に協調し、もしくはそれについて判断し、予見する助けにには全然ならなかったのである(20)」と論じている。彼女に言わせれば、われわれの古い言語は、もはや適切ではないのだ。

アレントは、全体主義を単なる歴史的なエピソードとしてではなく、常に存在し、拡大しつつある人間性に対する危険として考えている。

政治の領域において、われわれが今日存在している条件は、実際に、「全体主義的な傾向によって」脅かされている。その危険は、それが恒久的な世界を構築するかもしれないという点にあるのではない。全体主義的支配は、専制と同様、それ自身の崩壊の種を有している。恐怖や恐怖の源泉となる無能力が非政治的な原則であり、政治的行為とは対照的な状況に人間を投げ入れるのとちょうど同じように、孤独と、そこから論理的 - イデオロギー的に演繹される最悪のものは、反社会的な状況を表象し、あ

(18) バンヴェニストの語源学によると、「迷信」(superstition)は、「生存」を意味する語根に由来する。Emile Benveniste, *Indo-European Language and Society* (London: Faber and Faber, 1973)〔前田耕作他訳、『インド＝ヨーロッパ諸制度語彙集1・2』言叢社、一九九九年、一九八七年〕それゆえ、当初はこの語にはまったく軽蔑的な意味はなかったが、神学者たちがそれを、キリスト教徒の間で保持されている異教徒の信仰や慣習を指すものとして使うようになった時に、歴史負荷的で価値負荷的な意味を獲得した。"Superstition and Popular Religion in Societies,"という興味深い論考で、ベルモントは、ヴィクトリア朝期の人類学者は、それを「生存」と訳すことによって神学的な含意を払拭していたと主張している。Nicole Belmont, "Superstition and Popular Religion in Societies," in *Between Belief and Transgression: Structuralist Essays in Religion, History, and Myth*, ed. M. Izard and P. Smith, 9-23 (Chicago: University of Chicago Press, 1982). しかし、固有の時代を超えて生き残った信仰と慣習という概念は、それ自体、進歩の観念に不可欠な超越論的な判断の産物である。そして、テイラーが、「迷信という用語は、今では非難を含意している。そして、……この非難は、当然にも、生きている高位の文化に埋め込まれた、死した低位の文化の断片に投げかけられる」と書く時、彼はこうした判断の神学的な基礎を確認しているのである。そして、彼はそのことを否定してはいない。Edward B. Tylor, *Primitive Culture*, vol.1 (1871; English repr. ed., Gloucester, Mass.: Peter Smith, 1970), 72.

(19) この古い二分法を採用したテキスト(そして引用元となったテキスト)は、Ali Mirsepassi, *Political Islam, Iran and the Enlightenment: Philosophies of Hope and Despair* (Cambridge: Cambridge University Press, 2011)である。ミルスパシは、後者に、イスラム主義者と世俗主義者(マルクス主義者とロマン主義者)の両方の運動を含めている。後者の中心的な関心と重なりつつ(しかしそれとは違う方向からアプローチしている)、ミルスパシのものよりもはるかに洗練されて、思考を刺激する著作として、Behrooz Ghamari-Tabari, *Foucault in Iran: Islamic Revolution after the Enlightenment* (Minneapolis: University of Minnesota Press, 2016)がある。

(20) Arendt, *The Origins of Totalitarianism*, 460.〔邦訳第三巻、三〇一頁〕最終章の初出は"Ideology and Terror: A Novel Form of Government,"in *Review of Politics* 15, no. 3 (1953): 303-27である。

らゆる人間の共生にとって破壊的な原則を生み出す。[21]

今やおなじみになってしまったグローバルな危機以前に、アレントは、孤独（人間関係と人間的な感情からの抽象化）と論理的‐イデオロギー的に演繹される最悪のもの（抽象的な理性の強迫的な利用）とがもたらす結果として、将来の破滅の可能性を予見していた。

われわれの時代にふさわしい言語とは、どのようなものだろうか？　私にはわからない。しかし、国家の言語や、資本主義の言語ではないであろう。（友人間の相互的な責務には、正しいことをなし、誤ったことをなさないよう、互いを説得することが含まれることを意味している）*amr bi-l-maʿrūf* のような過去のイスラムの伝統に以前言及したのは、われわれの主権的権力の言語を考えないようにするためであり、その計算と論理への強迫観念や、その言語が参加させようとする進歩への競争から脱するためである。[22]

ある人がどこから来て、その集合的な生が、われわれに何をなすのかを完全に理解しない限り、その人は、自分自身からも解放されないし、それが強制する行動と思考の限界の先を見ることはできない。私には、そうした言語がどのようなものであるのかはわからないし、それがどこに導いていくのかもわからない。しかし、個人の徳が、あらゆる政治の基礎であるという古い主張を繰り返しているのではないつもりである。――政治と倫理がまったく別のものであるという主張も、説得的とは思えないが。ここで私が主張しているのは、*amr bi-l-maʿrūf* の言説的伝統に訴えることは、おそらく、現在の失敗した言語の外でわれわれが思考する一つの方法であろう、ということである。

もちろん、生活形式と結びついていない新しい言語それ自体は、何も保障してくれない。私が語ってきた限りのことから言えるのは、*amr bi-l-maʻrūf* は、友人が生活形式を——少なくともある程度は——

（21） Arendt, *Origins of Totalitarianism*, 460. アレントは、次のように続けている。「非全体主義的な世界のなかで人々に全体主義的支配を受け入れさせてしまうものは、普通はたとえば老齢というようなある例外的な社会的条件の中で人々が苦しんでいた境界的な経験だった孤独が、現代の絶えず増大する大衆の日常的経験となってしまったという事実である。……人間と人間の間のあらゆる空間を破壊し、人間と人間とを押しつけることで、孤立の持つ生産的な可能性すら無に帰せられてしまう。孤独の中では、すべての過程の出発点にあった最初の前提を取り逃がしてしまったら完全に破滅してしまうことがわかっているのだが、そのような孤独の論理的な推論を教え、それを賛美することによって、孤独が単独性に変わり、論理が思考へと変わるほんのわずかの可能性も消し去られてしまう。このやり方を、専制のやり方と比較してみると、砂漠そのものを動かし、無人の地球のありとあらゆる部分を覆いかねない砂嵐を巻き起こす方法がこれで見つかったというように見える。政治的領域の中での今日のわれわれの生存条件は、事実すべてを荒廃させるこの砂嵐に脅かされている。こうした砂漠の危険は、それがある永続的な世界を作り出すかもしれないことではない。全体主義的支配は、専制と同じく、それ自身の破壊の種を有している。ちょうど恐怖と、恐怖を生み出す無力とが反政治的原則であり、政治的行動とは両立しない状況に人間を投げ込むのと同様に、孤独と、そこから最悪のものを論理‐イデオロギー的に演繹することは、反社会的な状況を意味し、人間の共同生活すべてを破壊する原理を秘めている。けれども、組織された孤独は、一人の人間の専制的で恣意的な意志によって支配されている人々の組織されていない無力よりも、はるかに危険なのだ。その危険は、われわれの眼前にある世界——いたるところで一つの終わりにさしかかっているように見える世界——を、この終わりから生ずる新しい始まりが明らかにならぬうちに荒廃させようとしているということである。」Arendt, 478.〔邦訳第三巻、三二三‐三二四頁〕

（22） イスラムの *amr bi-l-maʻrūf* の伝統については以前に論じたことがある。Talal Asad, "Thinking About Tradition, Religion, and Politics in Egypt Today," *Critical Inquiry* 42（Autumn 2015）、および、*Genealogies of Religion: Discipline and Reasons of Power in Christianity and Islam* の第六章〔邦訳第五章〕を参照。そこで私は、ナシーハ（*nasīha*）の概念と部分的に重なる民族学的な説明を与えた。

共有してくれない場合には、大きな意味を持たないのは明らかだ、ということである。そのように言うことは、ほとんど冗長である。なぜなら、友情は、分かち合いの一形態であり、お互いの感情と性質に対する相互の信頼であるからである。しかし、友情は、近代国家の言語の一部ではない。なぜなら、後者は不公平のあらゆる形態の徹底的な拒絶を主張するからである。それゆえ、友情の言語は、（静粛主義のように）国家と無関係であるだけでなく、国家と対立する位置に立ち得る。[23] 信頼という古い意味での信仰は、友情と重なり合っている。両者の違いは、程度、強度、質の問題であると考えられるのはそのためである。よく知られているハディース（預言者の人生の記録された伝承）は、預言者の次のような言葉を引用している。「あなた方の中の誰かが咎めるべき何かを見たなら、行ってその人にそれを改めるよう行為によって［*bi-yadihi*］示しなさい。もし彼がそうできなければ、言葉によって［*fa-bi-lisānihi*］示しなさい。もし彼がそうできなければ、今度は心で［*fa-bi-qalbihi*］示しなさい。――それは信仰のもっとも弱い形態［*wadhalik ad'af-ul-imān*］なのです。[24]」もし、間違ったことに対する応答として何かを言ったり語ったりできないことが信仰（*imān*）のもっとも弱い形態であるならば、それは友情の否定でもある。なぜなら、ある人の信念と行動に対する友人からの批判は、純粋に知的なものではないからである。権威に基づく命令ではなく説得によって訴える努力がなされる時、それは、友情の空間（*sadāqa*）すなわち忠誠の空間（*istiqāma*）を、確認し拡張している。そして、前者には、誠実の感覚が、後者には実直さの感覚が、それぞれ徳として含まれている。

説得の成否は、語られた内容や語られ方、語る相手方だけでなく、その試みが実行される時間にも依存している。相互行為が長いほど、より多くの生が共有され、説得や妥協の可能性はより大きくなる。いずれの場合でも、明らかに知的に反論された――あるいは内的一貫性を欠くことが示された――立場をとり続けることは、その立場を回復し強化する方法が、後から見つかるという希望がある場合には、不合理というわけではない。合理的な議論は、聴者／読者を説得することもあるが、深く考え方や態度を保持している人々にそれを放棄するように導くことができるという証拠はほとんどない。逆に、強力

（23）友愛と（しばしば緩やかに「国」（country）と呼ばれる）国民国家との対立は、しばしば論じられている。例えば、E・M・フォスターの次のようなコメントは有名である。「私は大義という観念が嫌いだ、しかし、もし私が自分の国と自分の友人のどちらかを裏切れといわれたら、私の国を裏切るガッツがあることを望むね。」E. M. Forster, *Two Cheers for Democracy* (London: Edward Arnold, 1951), 66.〔小野寺健他訳、『民主主義に万歳二唱1・2　E・M・フォスター著作集11・12』みすず書房、一九九四年〕このフォスターの注釈は、愛国主義の擁護者たちから批判されてきた。例えば、「その無知といかがわしい行動を合理化する才能は別として、このコメントは、一組の証明されていない前提に依存している。つまり、人間と原則の間には常に隔たりがあるということと、悪い人間を裏切るよりは、良い原則を裏切る方が良い、ということである。フォスターがもしアメリカ人であったならば、こうした前提の危うさがわかったかもしれない。なぜなら、われわれの国は、観念だけによって設立された、世界で唯一の国であるからである。……国に対する裏切りを否定することは、われわれの土地を受け入れ、われわれの建国文書の原則を確認し、信任の意志をわれわれの仲間である市民に示すことである」。Patrick O'Hannigan, "E.M. Forster and the Politics of Btrayal," https://www.billstclair.com/lodge/F_PoliticsOfBetrayal.shtml.（裏切りによって完全になくならないまでも、深く傷つけられるであろう）相互依存の紐帯や友人間の愛と、（それに反すれば深刻な法的処罰が加えられるであろう）国民国家の権力に対する無条件の支持の原則との対立によってもたらされたフォスターの苦悩は、ここでは、「いかがわしい行動の合理化」として饒舌に提示されている。

（24）権威あるハディース集成であるSahih Muslimに引用されている全文は、次の通りである。"*man rā'a minkum munkaran fa-la- ghayyarahu bi-yadihi; fa in lam yastati' fa-bi- lisānihi; fa in lam yastati' fa-bi- qalbihi; wa dhālik ad'af-ul-imān.*"

な議論ほど、変化への大きな抵抗を呼び起こすかもしれない。

しかし、もし言語が共有された生活形式における活動であるとすれば、人々を変えるための別の方法がある。他者に自分たちのやり方を変えるように説得する言語は、理由付けに基づく議論や「理性」への服従とは違う形態をとり得る。叫び、罵り、呪い、冗談、訴え、脅し、などの形態である。変化の可能性について考え準備するよう他者に促した結果、ものごとがその当人にとって難しくなることがしばしばある。それは、行動の場合もあれば、言葉の場合もある。例えば、市民的不服従や政治的ボイコットは議論の一形態であり、そこでは生は共有されているが、役割と権力は共有されてはいない。市民的不服従とボイコットを通して、市民は、権力を行使する人々を批判し、その誤った行動を改めるよう求める。近代国家は、そうした行動を論証的な言語として認めることを典型的には拒否し、それを暴力と呼ぶ一方で、自らの力の行使が暴力と記述されることを拒絶するのである。

精神分析が教えてくれるように、意志に基づく無視という人間の能力は膨大である。セラピーが有効な時もあるかもしれない。しかし、その理由は、分析を受ける人が、自らの経験の「真理」を発見するからではない。精神分析において、「抵抗」は自己欺瞞の徴候である。精神分析家は、その徴候の意味を承認する方に患者を導いていく――そうもっともらしく議論されてきた――のだが、分析家の間接的な提案によってもたらされるのは、患者が分析家の理論に合わせるという事態である。説得されるために、患者は、ある程度、解釈(表面上は患者自身によってなされた解釈であったとしても)に関して暗示にかかりやすくなければならない[25]。抵抗が、解釈されるべきことの徴候であるとすれば、被暗示性は、分析家が患者を助けることを可能にする能力である[26]。しかし、市民的不服従という形態での抵抗は、自己欺瞞の徴候ではない。

仮にそうだとしても、集合的生と個別的生の両方の意味での生における、予測不可能なカタストロフィーに、われわれはどのように適応することができるのかという問いに、自信を持って答えることは不可能である。私自身、他の人々同様、疑っているというよりは不安であり、信じているというよりは安心できない、という状態にある。とりわけ、世俗理性の理念とそれを表現する言語が、最終的にはすべて問題を解決し、新しい解決不可能な問題を作り出したりはしないという信念に関しては、そうなのである。

(25) 最近の魅力的な書物の中で、エミリー・オグデンは、(よく知られている「催眠術」と一部重なる)「メスメリズム」を、魔術とオカルトにおける迷信的信仰の起源の啓蒙主義的理解の歴史として、しかし、同時に近代的な教育、心理学的な癒やし、労働の統制といった領域における合理的な真理を教えるために、その理解を利用してきた歴史として、両義的な形で跡づけている。Emily Ogden, *Credulity: A Cultural History of Mesmerism* (Chicago: University of Chicago Press, 2018) を参照。

(26) 理論に基づく被暗示性の役割は、H.D.と署名するアメリカ人の患者にして賞賛者によって、美しく記された *Tribute to Freud*〔鈴木重吉訳、『フロイトにささぐ』みすず書房、一九八三年〕に明らかである。

訳者あとがき

本書は、Talal Asad, *Secular Translations: Nation-State, Modern Self, Calculative Reason*, Columbia University Press, 2018の全訳である。原タイトルを直訳すれば、『世俗の諸翻訳——国民国家、近代的自己、計算的理性』となるが、以下に述べるように、このタイトルに列記されている語の関係を理解するには、ある程度の説明が必要である。そこで、本書の内容をより直接的に伝えることができるよう、著者の諒解を得て、タイトルを『リベラル国家と宗教——世俗主義と翻訳について』に変更した。また、原著のイタリックは傍点に、二重引用符はカギ括弧に置き換えてある。

著者であるタラル・アサドは、宗教人類学者として夙に知られている。オックスフォード大学のE・E・エヴァンズ＝プリチャードの下で博士号を取得し、イギリスでしばらく教鞭を執った後、一九八六年からはアメリカに活動の拠点を移し、現在はニューヨーク市立大学大学院で人類学の特別教授（distinguished professor）の地位にある。著書として、*Genealogies of Religion: Discipline and Reasons of Power in Christianity and Islam*（Johns Hopkins University Press, 1993）〔中村圭志訳、『宗教の系譜——キリスト教とイスラムにおける権力の根拠と訓練』、岩波書店、二〇〇四年〕、*Formations of the Secular:*

Christianity, Islam, Modernity (Stanford University Press, 2003)〔中村圭志訳、『世俗の形成――キリスト教、イスラム、近代』、岩波書店、二〇〇六年〕、*On Suicide Bombing* (Columbia University Press, 2007)〔拙訳、『自爆テロ』、青土社、二〇〇八年〕がある他、多数の論文が公表されている。上記のように、著書にはすでに日本語訳があり、論文の一部も翻訳されている。

アサドの研究は、イスラムに対する深い理解を背景としつつ、近代西洋における宗教概念と世俗主義(secularism)の問題性を鋭く追求するものである。とりわけアサドが強調するのは、内面における信仰(信念)を重視する宗教概念が宗教改革以降のものである点、そして、そうした内面と外面を区別できるという発想そのものが「世俗主義」という近代的イデオロギーであり、国民国家はそうした世俗主義イデオロギーの上に成立しているという点である。アサドは、西洋諸国や東地中海地域を中心に、古代から現代に至る非常に長いタイムスパンの中で、宗教的世俗的なさまざまの事例を取り上げて、こうした「世俗主義」や「近代」の問題性を論じている。その研究は、宗教人類学、宗教学、ポストコロニアリズム研究にとって重要な貢献であるとともに、西洋近代に棹さす諸分野に真摯な応答を迫るものである。政治理論を専門とする訳者が、本書の翻訳を手がける理由もそこにある。

一一年振りに出版された単著である本書もまた、そうしたアサドの世俗主義研究に属するものである。本書の内容については、ポストコロニアリズム研究におけるその位置づけを含む詳細な解説がすでにある(プラダン・ゴウランガ・チャラン、磯前順一、「世俗主義批判としての翻訳不能論――タラル・アサド『世俗の翻訳』を読む」、『アリーナ』、第二三号、二〇二〇年)。そこで以下では、本書の議論を順を追って整理するのではなく、原タイトルと邦語タイトルに含まれる語の関係を追いかけながら、本書でのアサドの議論の全体像について簡単に解説しておきたい。

アサドが本書で「世俗主義」分析の導きの糸とするのは、「翻訳」という概念である。アサドは、ヤコブソンを出発点として、翻訳の通俗的概念に対する批判を展開する。アサドが批判するのは、翻訳概念が前提している「メッセージ」と「媒体」の分離可能性である。通俗的な意味での翻訳は、それが言語的なものであれ、非言語的なものであれ、伝達される意味をその伝達する手段から分離できることを前提としている。しかし、そうした理解そのものが近代の産物であることをアサドは指摘し、意味と媒体は分離不可能であると論じる。なぜなら、言語（や行為）は単なるメッセージの媒体ではなく、ヴィトゲンシュタインのいう「生活形式」と密接に関わっているからである。ベンヤミンの翻訳論を引きつつアサドが論じているのは、生活形式間の移行という意味での翻訳の本質的な不可能性である。逆にいえば、翻訳によって、常に何かが失われるのである。そのことは、翻訳が単なる語の置き換えではなく、翻訳者が介在する過程であり、その意味で翻訳は常に解釈であることを意味している。アサドが本書を通して追究している問題の一つは、翻訳が何から何への翻訳であり、その翻訳（解釈）によって選択され失われるものは何かという問いである。アサドにとって、近代的理性の本質は抽象化作用（分離作用）にある。その分離によって翻訳が可能となるのだが、そのための境界線は恣意的に引かれ得るし、分割された領域をいかなる意味で「平等」に扱うかも恣意的であり得る。そこに権力が作用する余地が生まれる。つまり、翻訳があるところには権力があるのであり、それが近代的理性と世俗国家の共犯的な関係を生み出しているのである。

それでは、異なる生活形式間でのメッセージの移転が不可能である（翻訳不可能である）とすれば、翻訳の意味はどこにあるのだろうか。再びベンヤミンを引いて、アサドが主張するのは翻訳の持つ「挑発効果」とでも呼ぶものである。翻訳を通して、他の生活形式に触れることによって、自らの生活形式の中では触れることのできない可能性を考え、感じ取ることができるのである。フェリーの『ギルガメシュ』の翻訳に関してアサドが述べるように、優れた翻訳は「破滅」のような非現実的な事態に対しても、そこで喚起されるはずの感情を想像させ、その意味を理解させる力を持っているのである。

しかし、近代の科学的理性の中核である数的言語への翻訳は意味が異なるとアサドはいう。数的言語は、特定の生活形式を背景としていない。それは、近代的理性の持つ論理的・計算的な性格をそのままの形で提示するものである。その結果、数的言語への翻訳は、他の翻訳と異なって、他の生活形式に触れることで喚起される感覚や感情をもたらさない。むしろ、イギリスの友愛組合の例にみられるように、それはある生活形式の中に含まれていた感情や感性を奪い去り、統計表と確率の中に解消してしまう。したがって、アサドが最後に論じるように、数的言語によって、いかに破滅の確率が示されようとも、それは破滅の時の到来を感受し、その道徳的意義を理解しようという態度を生み出さないのである。

本書におけるアサドの議論のもう一つの焦点は、宗教改革以後の近代が生み出した自己の内面性に関わる問題である。近代的自己の内面性は、その真正性を自分自身が確証することを意味しているがゆえに、そこには根源的な不安が生まれてくる。アサドは、そうした不安を「パラノイア」として描き出している。信仰を表現する慣習的な儀礼からの解放が、信仰の真正性に対する不安を生み出し、そこから祈祷の指導書が再び作り出されるという、アサドの指摘する循環は、近代的自己が抱える根源的な不安を如実に表すものである。

こうした近代における根源的な不安のもう一つの現れが、国民国家における「反逆者」に対するパラノイア的な追及である。近代国家は、ルソーの定式化に従えば、自分自身によって自らに法を課す同一性原理に基づくことで強制／自由の二分法を乗り越えようとするものであるが、それは自分自身の外部に根拠がないという意味では、近代的自己と同型の無根拠性を内包している。さらに、リベラル国家としての近代国家が掲げる自由と平等の理念は、さまざまな価値から国家が中立的であることを求める。それゆえ、近代国家（あるいはそれを基礎づけている近代法体系）は、国家自身をいかなる価値的な根拠にも基礎づけることができない。そこで国家は、自らが国民の唯一の忠誠の対象であるという性格に固執せざるを得ない。そこから、反逆者の探索に対するパラノイア的な関心が生まれ、忠誠が疑わしい者としての少数派を発見・創出し、それを排除し抑圧しなくてはならないという強迫観念を生み出すのである。こうしてリベラル国家は、多数派の価値に基礎を置く「国民国家」へと反転する。イスラムの「人口学的危険」とはリベラル国家が自ら生み出した不安の帰結なのである。

こうしたパラノイアから脱却する方法はあるのであろうか。ここでも、アサドがまず検討するのは、数的言語による翻訳である。しかし、ここで強調されるのは、数的言語によるアイデンティティの「真正性」の保証ではなく、逆に数的言語によってクラスターが作り出され、管理される点である。アサドがとりあげるプロファイリングや消費行動のクラスタリングの例は印象的である。数的言語は、管理する側には明らかだが、管理される側には明らかではないクラスターの存在を示すことができる。人間は、こうした数的言語が作り出す、自分自身では認識していない集団の構成員として、外在的に管理され得るのである。世俗化の目標である「仮面」と「内面」との隔たりの喪失は、こうして実現される。アサドは、資本主義的企業や国家が利用する数的言語によって、人間の行為や思考、感情が外在的に統制された結果として、国家のパラノイア的な忠誠要求が解消される可能性を示している。ただし、それは、行為を完全な「外面」として、自覚的な理解を欠いた形で管理することによって、そして個人を「情報」に還元することによって実現されるのである。いうまでもなく、これはディストピアである。

それでは、数的言語において頂点に達する近代の世俗主義に対して、アサドが対置しようとしているものは何だろうか。その鍵となるのは「言説的伝統（*discursive tradition*）」の概念である。本書で頻出するこの概念の意味は、アサドによれば、「善なる行動、思考、感覚を繰り返し演じること（中略）によって、言語が、生きている身体の感覚を指示し、正当化し、そこに浸透していく方法に焦点を当てること」である。アサドは、この言説的伝統は、「宗教の同義語」であり、「世俗的自由の欠如を意味している」とする。つまりそれは、世俗主義的で近代的な空間に対置されるものなのである。

アサドの「言説的伝統」概念の第一のポイントは、それが単なる言葉や行為ではないということである。言葉や儀礼が何らかの意味を運ぶ媒体であると考えるのは近代的理性の産物に過ぎない。それに対して、ここで「言説的」と呼ばれているのは、生活形式の表現としての言語、行為と不可分のものとしての言語である。J・L・オースティンを引用しつつアサドが論じているように、言語は単なる陳述ではなく、同時に行為でもある。したがって、「言説的伝統」が意味するのは、単なる外見的な儀礼の継受でもなければ、発話そのものの継受でもない。「言説的伝統」とは、生活形式と一体化した言葉を自らに体化することによって、自己を特定の感性を持った主体として形成していくことである。アサドが再三強調するように、そこでは理性と感覚・感情が、意図と行為が、そして言語と生活形式が一体となっている。それは、伝統の「感覚ある身体への翻訳」であり、「言語がわれわれに何をなす」のかが問題となる空間である。

第二のポイントは、それが「伝統」であるということ、つまり、過去から引継がれたものであるということである。ここには時間性の要素が介在している。しかし、伝統は固定的な慣習ではない。伝統を引継ぐ者は、伝統の価値と対話し、異議を申し立て、他者を説得することに開かれている。アサドの言葉を借りれば、「言説的伝統」とは「伝統的な規範と現在いかに生きるべきかということの分裂に対処することと」なのであり、複数の時間性に開かれた「生きた伝統」は、それ自体翻訳なのである。

第三のポイントは、伝統に基づいて自らを徳ある主体として涵養していくに際して、共同体の助けが必要であると考えられていることである。それは、単独でなされるものではなく、家族や友人をはじめとする共同体において初めてなし得るものである。近代的自己が、自らの内部に向かっていく性格を持ち、共同体は自己にとって外在的なものにしかなり得ないのに対して、「言説的伝統」における主体は共同体とともにあるのであり、その完成には共同体が不可欠である。別のいい方をすれば、上述した伝統との対峙は、共同体の中で、共同体の伝統の解釈（翻訳）としてのみ行われ得るのであり、それゆえ、主体形成に関わる私的な言語は存在し得ない。

アサドは、こうした「言説的伝統」を、初期のキリスト教やイスラム教が並存していた古代末期から中世初期の東地中海世界の知的伝統に遡って明らかにするとともに、それが宗教革命以前のキリスト教において大きな力を持っていた点を強調している。ガザーリーの「魂の鍛錬」の議論が、『宗教の系譜』でアサドが分析した、中世の修道院における修道士の訓練と似通っているのは、それゆえである。

ここには、近代的な自己が確立する以前の主体のあり方、内面と外見が分離する前の人間のあり方が示唆されている。そして、それは「生きた伝統」として近代以前のキリスト教の中にも息づいていたし、現代でもイスラムや多くの宗教の中に生き残っているものなのである。もっともアサドはここで、世俗と宗教、西洋とイスラムを対置しているわけではない。近代的理性の行き着く先としての数的言語によって失われる、生活形式と結びついた言語行為としての言説的伝統の感覚や、その伝統との対話の中で自らを主体的に構成していく生や人間という感覚が失われつつある時代に対して、アサドは警鐘をならしているのである。数的言語による新たな管理に抗するためには、われわれの生活形式の中から立ち上がるものとしての言説的伝統の再構築が必要であり、それによって伝統を「生きた伝統」として引き受けることが必要なのではないだろうか。

なお、この「言説的伝統」という概念について、アサドは別の機会に、訳者に次のように説明している。読者の理解のために付記しておきたい。

私が「言説的伝統」という言葉で意味しているのは、J・L・オースティンが発話行為と発話内行為と呼んだものと同様に、調和的であれ対立的であれ、言語と生活形式が接合している概念的空間です。そこでは、特定の態度・感情・行動の様式が、世代から世代にわたって、教え学ばれ、世代から世代へと受け継がれていくのです。

本書の内容は、こうした簡単な整理によって尽くせるものではない。多方面に探索の手を伸ばし、関連や並行関係を見出していくアサドの系譜学的な議論には、なお重要な視点や様々な発見が含まれている。そうした点を読み解いていくことで、本書が、自らの「生活形式」を反省し、別の「生活形式」に思いをいたすための挑発となることを、訳者としては期待している。

本書の翻訳にあたっては、著者であるタラル・アサド氏に、多忙な中を様々な質問にお答えいただいた。また、アサド氏とともにポストコロニアリズム研究の最前線に立つ磯前順一先生には、今回も様々な機会に重要なご示唆をいただいた。さらに、翻訳の過程では、さまざまな方々にご教示やご指摘をいただいた。特に、同志社大学大学院法学研究科の大村一真氏と国際日本文化研究所機関研究員のプラダン・ゴウランガ・チャラン氏からは、草稿に対して詳細かつ的確なご指摘をいただいた。厚く感謝申し上げたい。

引用部分の翻訳に当たっては、既存の邦訳をできる限り参照した。訳者の皆様に感謝申し上げるとともに、本書の内容との関係で、一部訳文を変更したことをお詫び申し上げたい。とりわけ、アサドの思想の一貫性を考えるとき、主著と目される『宗教の系譜』と『世俗の形成』の日本語訳が既にあることは大変に心強かった。両書の訳者である中村圭志氏の慧眼に敬意を表するとともに、特段の感謝の意を表しておきたい。

本書のごく初期の段階の訳稿に対しては、二〇二〇年度の國學院大學法学部荊田ゼミに参加していた岩崎航大さん、小鮒美乃里さん、斎藤航さん、宮田征典さんにコメントをいただいた。学業の合間を縫って、大変読みにくい草稿を熱心に検討していただいたことに感謝したい。

私事になるが、國學院大學法学部に籍を置いてから、既に二〇年を超える月日が過ぎ去った。生意気なだけの未熟な研究者を快く迎え入れていただき、時に忠告を与えながら、しかし、たいていは寛大にも私のやりたいようにさせていただいた先生方のおかげで、研究生活の第二ラウンドを順調に過ごすことができたと感じている。着任以来お世話になった先生方には大変感謝している。特に、同じ政治部門で長らく一緒の時を過ごさせていただいた、濱口学先生、水谷三公先生、永森誠一先生、磯村早苗先生、横山謙一先生、および資料検索をサポートしていただいた法学資料室の渡辺礼子さんには、退職されるまでのご厚誼に改めて感謝の意を記しておきたい。

私を研究の道に誘ってくださった佐々木毅先生には、まだこのような形でしか学恩を返すことができないことを恥じつつ、お礼を申し上げておきたい。

本書の出版にあたっては、人文書院の松岡隆浩さんに大変にお世話になった。このような形で本書を完成することができたのは、企画の相談から表紙のデザインにいたるまで的確な助言をしていただいた松岡さんのおかげである。

最後に、コロナ禍の中で、ほとんどの時間を自宅に籠もって仕事をする私を支えてくれた妻・久実子と、父・邦夫、母・愛子に感謝とともに本書を捧げることにしたい。

二〇二一年二月　緊急事態宣言下の首都圏にて

苅田　真司

ヤ　行

ラ　行

ワ　行

タ　行

ナ　行

ハ　行

マ　行

人名索引

ア 行

カ 行

サ 行

著者略歴

タラル・アサド（Talal Asad）

1933年サウジアラビア・メディナ生まれ。ニューヨーク市立大学教授（人類学）。オックスフォード大学でPh.D.取得（人類学）。訳書に、『宗教の系譜　キリスト教とイスラムにおける権力の根拠と訓練』（中村圭志訳、岩波書店、1993年）、『世俗の形成　キリスト教、イスラム、近代』（中村圭志訳、みすず書房、2006年）、『宗教を語りなおす　近代的カテゴリーの再考』（磯前順一との共編、みすず書房、2006年）、『自爆テロ』（苅田真司訳、青土社、2008年）がある。

訳者略歴

苅田真司（かりた　しんじ）

1966年島根県生まれ。東京大学大学院法学政治学研究科博士課程中退。東京大学社会科学研究所助手などを経て、現在、國學院大学法学部教授。主な論文に、「「宗教」・「世俗」・「多元主義」　タラル・アサドと政治理論」（『國學院法学』第55巻第４号、2018年）、「多文化主義・社会関係資本・コスモポリタニズム　新しい「共存」イメージを求めて」（『共存学４　多文化世界の可能性』弘文堂、2017年）など。訳書に、アサド『自爆テロ』（青土社、2008年）、アイリス・マリオン・ヤング『正義と差異の政治』（共訳、法政大学出版局、2020年）など。

ISBN978-4-409-42024-9 C1016

リベラル国家と宗教
——世俗主義と翻訳について

二〇二一年四月二〇日 初版第一刷印刷
二〇二一年四月三〇日 初版第一刷発行

著 者 タラル・アサド
訳 者 苅田真司
発行者 渡辺博史
発行所 人文書院
〒六一二-八四四七
京都市伏見区竹田西内畑町九
電話〇七五・六〇三・一三四四
振替〇一〇〇〇-八-一一〇三
印刷所 創栄図書印刷株式会社
装 丁 上野かおる

大田俊寛著

宗教学

（ブックガイドシリーズ基本の30冊）

二〇九〇円（本体＋税10％）

宗教学の気鋭による、渾身のブックガイド。古今東西の基本書からカルト宗教論まで幅広く丁寧に解説。初学者に最適であることはもちろん、宗教問題に揺れる現代世界を考える上でも必読。